LA FE y LA DUDA

JOHN ORTBERG

La misión de Editorial Vida es proporcionar los recursos necesarios a fin de alcanzar a las personas para Jesucristo y ayudarlas a crecer en su fe.

LA FE Y LA DUDA
Edición en español publicada
por Editorial Vida -2008
Miami, Florida

Originally published in the U.S.A. under the title:
Faith and Doubt

Traducción: *Dr. Miguel Mesías*
Edición: *Madeline Díaz*
Diseño interior: *Eugenia Chinchilla*
Diseño de cubierta: *Grupo Nivel Uno, Inc.*

ISBN - 978-0-8297- 5586-2

Categoría: Vida cristiana / Crecimiento espiritual

Impreso en Estados Unidos de América
Printed in the United States of America

08 09 10 11 ❖ 6 5 4 3 2 1

Hace más de treinta años mis mejores amigos y yo nos sentamos a los pies de un profesor de griego, que era pelirrojo, pésimo para contar chistes, de gran corazón, profundamente sensible, al que le encantaban las ideas, era modesto, y este hombre nos cambió la vida,

Gerald Hawthorne.

Nos condujo a un mundo más grande y profundo como un acto de gracia. Aprendí de él más de lo que jamás podría decir. A él le dedico este libro con toda gratitud.

CONTENIDO

Introducción

Voy a decirle mi secreto: Tengo dudas.

Me he pasado toda mi vida estudiando, pensando, leyendo y enseñando en cuanto a Dios. Crecí en la iglesia. Fui a una universidad basada en la fe y después a un seminario. Caminé por la senda recta y estrecha. Nunca anduve de juerga o tuve aventuras durante mi juventud.

Sin embargo, tengo dudas.

Y voy a decirle más todavía. Hay una parte de mí que, después que muera, si todo resulta cierto —los ángeles estén cantando, la muerte haya sido derrotada, se pase la lista y yo esté allí— hay una parte de mí que se sorprenderá. ¿Qué le parece? Todo es cierto después de todo. Aunque tuve mis dudas.

¿Es correcto que nos hagamos preguntas, consideremos algunas objeciones y nos preguntemos en voz alta?

¿Está bien si no pretendemos que toda persona está dividida en uno de dos campos: los que dudan y los que no?

¿Es posible, incluso tal vez racional, tener fe en la presencia de la duda?

Porque yo también tengo fe. Y he apostado hasta los zapatos.

Y la fe, como la duda, crece en lugares inesperados. Hace unos meses recibí un correo electrónico solicitando mil ejemplares de un libro que había escrito. Esa fue una solicitud sin precedentes de parte de alguien que no fuera mi madre, así que el asunto despertó mi curiosidad.

Provenía de un joven llamado Kirk, un funcionario de alto nivel en una corporación, padre de tres hijas pequeñas y con un brillante futuro delante de él, el cual hace como un año se enteró de que padece de ALS, la enfermedad de Lou Gehrig.

No obstante, Kirk estaba convencido de que en medio de la tragedia la fe era su única esperanza. Y decidió usar sus meses finales de vida para invitar a las personas que más quería a reflexionar en lo que más importaba.

Los médicos le dijeron que le quedaban de dos a cinco años de vida, pero murió a los nueve meses. Escribo estas palabras en un avión de regreso a casa luego de una cena que su familia organizó para cientos de personas, en la que vimos una cinta de vídeo donde Kirk aparecía en una silla de ruedas, boqueando por aire, y hablando de su fe en Dios como la única fuerza que podía sostenerlo.

El papá de Kirk me llevó al aeropuerto. Me contó de las dificultades en su vida: que su madre había muerto cuando él tenía cuatro años; cómo ahora, ya en los setenta, había perdido a su hijo. Me refirió que en un tiempo había sido agnóstico, y cómo había llegado a creer.

No sé por qué la tragedia, que destruye la fe en algunos, la despierta en otros. El sufrimiento, además de levantar preguntas incontestables, nos dice que nuestra única esperanza debe estar en confiar en algo más allá de nosotros mismos.

Hay un misterio en la fe, como también en la vida, que no entiendo por completo.

Este es un libro con el título nada llamativo de *La fe y la duda*, y la palabra más importante en el título es aquella que está en la mitad.

Esto se debe a que la mayoría de las personas que conozco son una mezcla de las dos.

Y me resulta arrogante cuando los individuos en cualquier

lado de la pregunta acerca de Dios escriben como si toda persona razonable estuviera de acuerdo con ellos, porque, por supuesto, ellos no sostendrían una opinión que no fuera razonable.

¿Puedo ser fiel y sin embargo seguir la verdad a dondequiera que conduzca?

¿Es posible que la duda pudiera ser uno de esos invitados incómodos de la vida que a veces, en las circunstancias apropiadas, nos convienen?

Quisiera saberlo...

Reconocimientos

Escribir un libro, como tener un hijo, comprar un coche usado, o levantarse de la cama por la mañana, siempre es un acto de fe. Este no hubiera tenido lugar sin el aliento y la generosidad de la Iglesia Presbiteriana Menlo Park, que me brindó tanto el tiempo para escribir como el estímulo para pensar.

También estoy agradecido a varias personas que leyeron el manuscrito: a Chuck Bergstrom, que mejoró el texto; a Christine Anderson, que me proporcionó un maravilloso estímulo; a mi hija Laura, que añadió ideas, indicaciones y mucha alegría; a Mark Nelson, que brindó comentarios sabios e ingeniosos y los acompañó con pequeñas caricaturas que me habría encantado que se hubieran incluido en el texto.

John Sloan es un editor que aporta a todo proyecto un profundo amor por el arte de escribir, y estoy agradecido por el crecimiento que él posibilita. Laura Weller llevó a cabo una esmerada labor para lograr que toda palabra fuera precisa. Y con el paso de los años cada vez estoy más agradecido por formar parte del equipo y la comunidad de Zondervan.

Nancy no solo escuchó las ideas detrás de este libro mientras escribía dos de su propia cosecha, sino que también es mi maestra en cuanto a la fe, la confianza y las alegrías de la «incertidumbre estratégica».

1

La fe, la duda y el nacimiento

El más hondo, el único tema de la historia humana, comparado con el cual todos los demás son de importancia subordinada, es el conflicto entre el escepticismo y la fe.

Wolfgang von Goethe

Un año, en la pequeña calle sin salida donde vivía mi familia en Illinois, tres esposos de las cuatro casas que nos rodean tuvieron ataques cardíacos frisando apenas algo más de cuarenta años.

Este es Illinois, donde el ave estatal es la salchicha.

Tal cosa tuvo dos consecuencias inmediatas. Una fue que mi esposa quiso conocer los detalles de nuestra póliza de seguro de vida. La otra fue que todos querían saber qué hay al otro lado cuando el corazón deja de latir. Las preguntas en cuanto a Dios, el cielo, el significado y la muerte dejaron de ser una curiosidad intelectual.

Y me percaté de un golpe, durante ese año, cuán profundamente tanto la fe como la duda son parte de mi vida. A menudo pensamos de ellas como opuestos. Muchos libros arguyen a favor de la una o la otra. No obstante, mientras que con relación a algunos aspectos son enemigas, de cierta manera son sorprendentemente similares: ambas se preocupan por asuntos supremos; ambas se presentan sin invitación en momentos inesperados; ambas son necesarias.

Debo tener la verdad. Por consiguiente, dudo. Si no dudara, sería simplemente otro de aquellos ingenuos con respecto a los cuales P. T. Barnum se mostraba tan agradecido porque nacen a cada minuto; me dejaría llevar por toda ilusión de espectáculo de carnaval que aparece. Y detesto el engaño.

Debo tener esperanza. Por consiguiente, creo. Si no creyera, cedería ante la desesperanza. Y le temo a la desesperanza.

Además de creer y dudar, hay una decisión que hacer. Debo decidir qué camino voy a seguir. Debo hacer mi apuesta.

Por qué creo

Si me preguntaran por qué creo en Dios, supongo que contaría la historia de una bebita. Ella no fue el principio de mi fe en Dios, sino un nuevo capítulo de esta. No sabía que cuando un bebé llegara a mi mundo, traería a Dios consigo.

Cuando nos enteramos de que nuestra primera hija estaba en camino, Nancy y yo asistimos juntos a las clases Lamaze. Para evitarles ansiedad a las futuras mamás, los instructores no usaban la palabra dolor. Hablaban de incomodidad, como cuando decían: «Mientras el bebé nace, usted sentirá algo de incomodidad».

En nuestro segundo aniversario, Nancy empezó lo que serían doce horas de parto. (Todos nuestros hijos llegaron en ocasiones notables, y ninguno más que Johnny. Él llegó al mundo el 2 de febrero, lo que provocó que el médico nos dijera que si nuestro hijo veía su sombra, volvería a replegarse hacia el interior de Nancy y ella tendría seis semanas más de embarazo.)

El cuerpo de Laura estaba en una posición inusual dentro de Nancy (la frase que las enfermeras usaron fue «con su lado bueno hacia arriba»), así que la parte más dura de su cabeza presionaba la columna de Nancy. Cada contracción era insoportable. El peor momento vino después de once horas y varias dosis de Pitocina para aumentar las contracciones. El médico, con una sola mano, hizo girar a la bebé ciento ochenta grados dentro del cuerpo de mi esposa. Nancy lanzó un grito que jamás olvidaré. Sabía que tenía que decirle algo. «Cariño, ¿estás sintiendo alguna incomodidad?»

Al final tuvieron que usar una especie de aspiradora con un aditamento especial para sacar a la bebita. (La gente de Lamaze nos había advertido que este procedimiento podría hacer que el cráneo se viera alargado, pero que eso sería solo temporal.)

De repente el dolor cesó y tuvimos en nuestros brazos a esa pequeña cabeza cónica, aunque estábamos por completo sin preparación para el mundo en que habíamos entrado. Nancy, que nunca se había sentido atraída en particular hacia los hijos de nadie, sostuvo a la niña y miró alrededor del cuarto como una tigresa. «*Mataría* por esta bebita».

No se trataba solo de la mecánica de su cuerpo, aunque todo en ella era asombroso. No fue solo mi repentino amor por esta personita, aunque se sintió como un aluvión. Lo que me abrumó fue la presencia de una nueva alma.

Yo dije que pensaba que la mayoría de las madres dirían que *morirían* por sus hijos.

«*¿Morir?* ¿Por qué voy a querer morir? Si muriera por ella no podría estar a su lado. Yo *mataría* por ella». Y miró por todo el cuarto, evidentemente esperando que alguien le diera la oportunidad de mostrar que no estaba fanfarroneando.

Recibí de sus manos a la bebita y quedé abrumado por la maravilla y el misterio de la presencia de un ser humano. No se trataba solo de la mecánica de su cuerpo, aunque todo en ella era asombroso. No fue solo mi repentino amor por esta personita, aunque se sintió como un aluvión. Lo que me abrumó fue la presencia de una nueva *alma*.

«No puedo creer que haya en este cuarto un ser vivo, de carne y hueso, inmortal, que no existía. Ella crecerá... y la contemplaremos. Se convertirá en mujer. Y un día envejecerá. Ese pelo rojo se pondrá gris y después blanco; esta misma piel, que es tan rosada y tersa en estos momentos, se manchará y arrugará, y llegará a ser una anciana sentada en una mecedora... y será *la misma persona*», le dije a Nancy.

«Sí», dijo ella. «Y yo mataría también por esa anciana».

Envolvimos ese diminuto cuerpo con toallas y cobijas y lo colocamos en la silla para bebé de mi viejo Volkswagen para llevarla a casa. Conduje como si estuviera transportando nitroglicerina. Avancé a paso de tortuga por el carril más lento de la autopista, con las luces de emergencia relampagueando, avanzando como a cuarenta kilómetros por hora, fastidiando a los automovilistas desde Northridge hasta Pasadena. ¿Cómo viaja uno con suficiente cuidado para proteger a una nueva alma?

Cuando sostuve a Laura, me sentí incapaz de creer que ella fuera un accidente. Me sentí incapaz de pensar que el universo fuera una máquina caótica funcionando al azar a la que no le importaba si yo quería o aborrecía a esta bebita. No quiero decir con esto que tenía una serie de argumentos para apoyar que ella tuviera un alma y que creía en esos argumentos. No quiero dar a entender que esta convicción siempre estuvo presente en mi mente con igual fuerza. No es así.

Lo que quiero decir es que la convicción surgió dentro de mí y no pude alejarme de ella. No podía mirar a Laura y pensar de otra manera. No podía sostenerla en mis brazos sin darle gracias a Alguien por ella. No podía pensar en su futuro sin orar que Alguien más poderoso y sabio que yo la cuidara. Cuando ella llegó, trajo consigo un mundo que se supone que debe ser un hogar para las personas. Un mundo exhalado por Dios.

Todo niño es un testimonio del deseo de Dios de que el mundo siga adelante. Elie Wiesel, la sobreviviente del Holocausto que a veces siente dudas, ha escrito que la razón por la que tantos bebés siguen naciendo es que a Dios le encantan las historias.

Por qué dudo

Por otra parte, si me preguntaran por qué dudo, supongo que contaría la historia de una bebita también. Una pareja a quien he conocido por largo tiempo tuvo una preciosa hija. Era una niña tan hermosa que la gente los detenía por la calle para comentarles sobre su belleza. Ellos eran la clase de padres que uno esperaría que todo niño tenga.

Tenían una piscina en su patio.

Un día de verano estaba tan lindo afuera que la mamá armó el corralito en el patio para que su hija disfrutara del día. El teléfono timbró, y como la hija estaba en el corralito, ella entró para contestar el teléfono. La niña se apoyó en la pared de ese corralito, entonces la bisagra que la sostenía cedió. No tenía que suceder. Dios podía haberlo impedido. Dios podía haber obrado desde el cielo, enderezándola y manteniendo el corralito armado. No lo hizo. La bisagra cedió, así que el costado cayó y la bebita salió gateando, y el cielo guardó silencio.

Cuando la mamá regresó, vio el hermoso cuerpecito de su querida hija en el fondo de la piscina. Este fue el principio de un dolor que las palabras no pueden expresar. Ella hubiera muerto si con eso pudiera haber cambiado ese instante. Pero no podía hacerlo. Tendría que continuar viviendo. La memoria de cómo hubiera sido su hija la acosará en todo cumpleaños y toda Navidad, así como el día en que se hubiera graduado de la secundaria. Esa mamá vivirá con el vacío, la culpa, el error y la soledad.

Cuando esa bebita partió de este mundo, dejó atrás un mundo en el que Dios guarda silencio.

Dostoievsky, que era creyente, escribió que «la muerte de un solo infante pone en tela de duda la existencia de Dios». Aunque, por supuesto, la muerte no se ha limitado a solo un infante. Elie Wiesel cuenta de su primera noche en un campo de concentración, y cómo vio que llegaba un camión cargado de bebés. Los descargaron y echaron en una zanja incendiada. «Nunca olvidaré ... la primera noche en el campo, la cual ha convertido mi vida en una noche eterna, siete veces maldita y siete veces sellada ... Nunca olvidaré esos momentos que asesinaron a mi Dios y a mi alma, y convirtieron en polvo mis sueños. Nunca olvidaré estas cosas, aunque esté condenada a vivir tanto como Dios mismo. Nunca».

Este es nuestro mundo. No tengo todas las respuestas precisas para resolver estos asuntos, pero sí sé de algunas erradas.

Cuando se quiere creer

Cuando las personas de fe no están dispuestas a veces a tomar asiento en silencio y permitir que la duda exponga su caso, pueden suceder cosas malas.

A veces las personas de fe pueden ser ingenuas. A veces responden con malas respuestas.

En ocasiones los predicadores añaden un enorme dolor al decirle a la gente que debido a su pecado han acarreado el sufrimiento sobre sí mismos. A veces les dicen a las personas que no han sido libradas porque no tuvieron suficiente fe.

Hay momentos en que las personas quieren creer, pero descubren que no pueden.

Pienso en un hombre que oró por su padre alcohólico durante veinte años, pero su padre nunca cambió.

Pienso en una mujer que oró por una hermana enferma mentalmente que se suicidó.

Cuando las personas de fe no están dispuestas a veces a tomar asiento en silencio y permitir que la duda exponga su caso, pueden suceder cosas malas.

Pienso en una joven brillante a la que su mamá descuidó, su papá abandonó, y un tío violó. Ella era atea a los once años, y luego por medio de un grupo de amigos llegó a ser creyente. Sin embargo, se vio atormentada por las adicciones sexuales durante toda su adolescencia. Empezó a sentirse atormentada por el pensamiento de que algunos se condenaban al infierno simplemente por pertenecer a una religión diferente. De continuo le pedía a Dios que la ayudara; a cada instante pedía respuestas, pero nada parecía cambiar.

Pienso en una carta que recibí hace poco:

> *¿Cómo puedo creer que un amigo judío, dedicado a Dios y que le oye mejor que yo, vaya al infierno mientras que yo voy al cielo, aunque no soy tan bueno como él, simplemente porque soy cristiano y él no lo es? ¿Apoyaría esto el verdadero Dios y creador del universo?*
>
> *El Dios en quien solía creer era fácil de oír y seguir. Ahora estoy en medio de tinieblas, y él parece un extraño. Estoy orando pero temo que Dios no va a responder porque ahora tengo muy poca fe ... ni siquiera del tamaño de un grano de mostaza.*

El filósofo André Comte-Sponville escribe de un modo patético sobre la belleza de la humildad: «La humildad puede ser la más religiosa de las virtudes. ¡Cómo anhela uno arrodillarse en las iglesias!» Sin embargo, dijo que no podía obligarse a hacer esto porque tendría que creer que Dios lo creó, y los seres humanos le parecían demasiado perversos como para permitir esa posibilidad. «Creer en Dios sería un pecado de orgullo».

Cuando se quiere dudar

A veces la gente quiere *no* creer. Una serie de recientes éxitos de librería escritos por dudosos profesionales son parte de lo que se está llamando el Nuevo Ateísmo, un tipo de evangelización a la inversa. Los escribieron personas que tienen la certeza de que Dios no existe, y en algunos casos están furiosas contra él por no existir. El filósofo Daniel C. Dennett escribió *Breaking the Spell* [Rompiendo el embrujo] para argumentar que la fe religiosa ha sido protegida por la idea de que es santa o sagrada. Dice que un poco de pensamiento crítico que revelara que esto no tiene sentido «rompería el embrujo».

El conocido autor Sam Harris señala que la única diferencia entre creer *en* Jesús y pensar que uno *es* Jesús es el número de personas involucradas en cada categoría. «Tenemos nombres para los individuos que tienen muchas creencias para las cuales no hay justificación racional. Cuando sus creencias son extremadamente comunes, les llamamos "religiosos". De otra manera, con toda probabilidad se les llamará "locos, psicóticos, o ilusos". Mientras que los religiosos por lo general no son locos, sus creencias básicas lo son de manera absoluta».

El periodista británico Christopher Hitchens escribió *God Is Not Great: How Religion Poisons Everything* [Dios no es grande: Cómo la religión lo envenena todo]. El título dice en buena medida hacia dónde se encamina el libro.

El biólogo de Oxford, Richard Dawkins, dice en *The God Delusion* [El engaño de Dios]: «Podría decirse que el Dios del Antiguo Testamento es el personaje más desagradable en toda la ficción. Celoso y orgulloso de serlo, mezquino, injusto, maniático implacable del control, vengativo, sanguinario limpiador étnico, misógino, homofóbico, racista, infanticida, genocida, filicida, pestilencial, megalomaníaco...». Él se vuelve hostil después de eso.

Incluso desde lo que modestamente se llamó el Siglo de las Luces, la gente ha estado prediciendo la extinción de la fe en Dios. En lo que a mí respecta, quiero escuchar a los que dudan y no solo discutir con ellos.

La popularidad actual de tales libros puede haber sido desatada, al menos cronológicamente, por *El código de Da Vinci*, de Daniel Brown. Con este libro, Brown trataba de derrumbar casi todas las bases históricas del cristianismo ortodoxo, aunque los eruditos de todas las edades cuestionan acaloradamente lo que se presenta como historia en *El código de Da Vinci*. (Un historiador amigo mío dijo, tal vez de una forma poco amable, que *El código de Da Vinci* es el único libro que, después que lo has leído, te hace más tonto que antes de leerlo.)

Incluso desde lo que modestamente se llamó el Siglo de las Luces, la gente ha estado prediciendo la extinción de la fe en Dios. En lo que a mí respecta, quiero escuchar a los que dudan y no solo discutir con ellos, en parte porque muy adentro tengo mis propias dudas, y en parte porque cuando estoy simplemente tratando de ganar una discusión, me convierto en Dan Ackroyd debatiendo contra Jane Curtain en una vieja comedia de *Saturday Night Life*: «Jane, eres ignorante...». Y nadie quiere estar cerca de mí entonces. Ni siquiera yo mismo.

No me gustan los libros de personas creyentes o dudosas que hacen parecer como si la cuestión de Dios fuera sencilla, que cualquiera con medio cerebro estaría de acuerdo con ellos, y que los que están en el otro bando son tontos o perversos. He leído y conocido a demasiadas personas que no creen en Dios que son mejores y más sabias que yo. Sin embargo, no pienso que los dudosos profesionales harán que la fe desaparezca. Los pronosticadores siguen muriéndose, y la fe continúa extendiéndose.

La duda y la fe en toda alma

Debido a que la vieja Madre Naturaleza es una madre disfuncional que continúa enviándonos mensajes mezclados, necesitamos tanto la fe como la duda. El nacimiento de todo infante susurra de un Dios al que le encantan las historias; la muerte de todo infante pone en tela de duda su existencia. El escritor Michael Novak dice que la duda no es tanto una línea divisoria que separa a la gente en campos diferentes, sino más bien el filo de un cuchillo que corta toda alma. Muchos creyentes tienden a pensar que los dudosos se han entregado al sinsentido, la confusión moral y la desesperanza. Muchos dudosos dan por sentado que los creyentes son gente que no piensa, dogmática y prejuiciada. No obstante, la realidad es que todos tenemos la creencia y la duda dentro de nosotros. Porque «todos tenemos la misma información contradictoria con la que trabajar».

Tal vez los grandes creyentes y los grandes dudosos se parecen más entre sí que lo que alguno de estos grupos se parecería a la gran masa de los relativamente desinteresados que están en un terreno intermedio. Ambos se preocupan con comprender la naturaleza del universo. Ambos concuerdan en que esta es, después de todo, la gran pregunta. Muchos dudosos conocen la incomodidad de la incertidumbre. Un escritor agnóstico de la revista *Wired* revisó las obras de los partidarios del Nuevo Ateísmo y escribió que envidiaba su certidumbre, su atracción a declararse ateos antes que simplemente agnósticos. Sin embargo, al final no pudo unirse a sus filas, porque dijo: «A lo mejor me equivoco». Otro científico prominente escribe: «He oscilado entre la certidumbre cómoda del ateísmo y las acuciantes dudas del agnosticismo durante toda mi vida».

No obstante, la mayoría de los creyentes conoce también la incertidumbre. Cuando a Billy Graham, un anciano acercándose a los noventa, se le pregunta si cree que después de muerto oirá a Dios decirle: «Bien, buen siervo y fiel», se detiene y dice luego de una sorprendente lucha interna: «Eso espero». A

Una de las paradojas entre la fe y la duda es que en última instancia se trata de un reto intelectual, y sin embargo, personas sencillas y sin mayor educación pueden vivir con gran sabiduría y otros que ostentan doctorados pueden escoger la necedad.

Martín Lutero, el campeón de la justificación por la fe, una anciana atormentada por la duda le pidió ayuda.

—Dime —le dijo él— cuando recitas los credos, ¿los crees?

—Sí, casi con certeza.

—Entonces ve en paz —le dijo el reformador—. Tú crees más y mejor que yo.

Cuando a Elie Wiesel se le pide que describa su fe, usa el adjetivo *herida*. «Mi tradición enseña que ningún corazón está tan sano como un corazón quebrantado, yo diría que ninguna fe es más sólida que una fe herida». Creo. Y dudo. El filo del cuchillo también me corta a mí.

A veces me siento frustrado y pienso que si tan solo fuera lo suficiente inteligente podría figurarme todo este asunto de Dios más allá de toda duda. Me siento como si hubiera vuelto al colegio y estuviera rindiendo un examen de matemáticas con una pregunta en realidad difícil en cuanto a cuándo se cruzan un tren que deja Cleveland avanzando a cuarenta kilómetros por hora y otro que sale de Pittsburgh yendo a cincuenta, y pienso que la prueba con relación a Dios tiene que estar allí si simplemente tuviera más tiempo y pudiera hallar el libro preciso. Me siento tentado a pensar que la duda es meramente un problema del intelecto. Sin embargo, tomar las decisiones apropiadas en cuanto a la fe, así como tomar buenas decisiones para la vida en general, no parece ser algo que descansa de forma primordial en el cociente intelectual. Algunas personas muy listas lo echan todo a perder con tanta facilidad como el resto de nosotros.

Tres hombres están en un avión: un piloto, un explorador y

el hombre más listo del mundo. La máquina falla, el avión está cayendo y hay solo dos paracaídas. El hombre más listo agarra uno. «Lo lamento», dice, «pero yo soy el hombre más listo del mundo y tengo una responsabilidad con el planeta». Y salta del avión. El piloto se vuelve hacia el explorador y le comenta que él ha vivido una vida larga y plena, mientras que el explorador tiene toda su vida por delante. Así que le dice al explorador que tome el último paracaídas y viva. «Tranquilícese, capitán», le indica el explorador. «El hombre más listo del mundo acaba de saltar del avión llevándose mi mochila».

Nuestro mundo está lleno de gente astuta saltando de los aviones con mochilas. Una de las paradojas entre la fe y la duda es que en última instancia se trata de un reto intelectual, y sin embargo, personas sencillas y sin mayor educación pueden vivir con gran sabiduría y otros que ostentan doctorados pueden escoger la necedad.

Una cosa es segura: tarde o temprano el avión se va a caer. Todos estamos en el mismo avión. La gente inteligente y los exploradores por igual: todos tienen que saltar. Todos tienen que escoger un paracaídas. Nadie sabrá quién escogió con sabiduría sino hasta después del salto.

Nicholas Wolterstorff, un brillante filósofo de Yale, es el padre de un joven que murió a los veinticinco años escalando una montaña. Wolterstorff es también un creyente que hace preguntas. Él escribe acerca de cómo algunos tratan de explicar el problema de la muerte diciendo que Dios es su agente, con una referencia poco solapada a su hijo: «Tú vas vivido ya los años que he planeado para ti, así que simplemente voy a hacer que la montaña se estremezca un poco. Para todos ustedes que están allá, voy a dirigir a algunas aves hacia el motor de su avión. Y para ustedes allí, una embolia mientras corren servirá bien».

Otros, como el rabino Harold Kushner, tratan de explicar el

sufrimiento diciendo que Dios también se duele por la muerte, pero no puede hacer nada al respecto. (Elie Wiesel una vez dijo en respuesta a Kushner: «Si Dios es así, debería renunciar y permitir que alguien competente se haga cargo».)

Wolterstorff escribe como un creyente que todavía tiene preguntas no contestadas.

> No puedo arreglarlo todo diciendo: «Él lo hizo», pero tampoco puedo hacerlo diciendo: «No había nada que él pudiera haber hecho al respecto». No puedo resolverlo de ningún modo ... He leído las teodiceas producidas para justificar ante el hombre los caminos de Dios. Hallo que no convencen. Para la pregunta más agonizante que jamás he hecho no tengo respuesta. No sé por qué Dios pudo contemplarlo caer. No sé por qué Dios me contempla herido. Ni siquiera puedo adivinar. Mi herida es una pregunta no contestada. Las heridas de toda la humanidad son preguntas sin respuesta.

Así que eso rige para todos los que vivimos en una pequeña calle sin salida, donde los bebés son llevados a casa desde el hospital y se les cuida, donde los corazones se detienen y los pies resbalan, donde nos preguntamos si hay algún camino escondido que conduce a alguna parte.

Creemos y dudamos. Creer y dudar comparten la misma inevitabilidad, pero no son similares. No pueden hacerle el mismo reclamo a nuestra lealtad. No tienen el mismo poder.

Si hay lugares más allá del callejón sin salida, la duda no puede llevarnos allá.

2

¿Por qué molestarse?

La fe es una rendición libre y una apuesta gozosa a la invisible, desconocida y no probada bondad de Dios.

Martín Lutero

Cuando las personas inteligentes discrepan

¿Alguna vez ha considerado cuantas ideas diferentes acerca de la fe, la religión y Dios existen entre la raza humana?

Hay cristianos. Hay hindúes. Hay musulmanes: shiitas y sunníes. Hay confucionistas, sintoístas, budistas, bahais, rostafarianos, ateos, agnósticos, nihilistas, de filosofía humanística, deístas, panteístas, seguidores de la Nueva Era, brujas, hechiceros y satanistas. Existe un grupo en la Internet que aduce que cree en el Monstruo de Espagueti Volador. Hay por cierto seguidores del jainismo que creen que hay más de trescientos mil dioses. Y están los unitarios que, según Bertrand Russell dijo, creen que hay a *lo máximo* un Dios.

Incluso entre los cristianos han existido miles de variaciones y movimientos denominacionales, y cada uno de ellos piensa que tiene la razón. Yo crecí en una iglesia bautista, y esperábamos el día en que estuviéramos en el cielo y allá no hubiera más divisiones. Algunos luteranos estarán allí, representados por Martín Lutero. Habrá metodistas también, representados por Juan Wesley. Algunos católicos se encontrarán allí (aunque esta idea era un poco más debatida), representados por el papa. Y nosotros los bautistas estaremos allí, representados por... Jesús.

Todo el mundo piensa que tiene la razón... lo que significa que muchos van a descubrir, al morir, que se han equivocado. Una de las ironías del ateísmo es que si no hay tal cosa como vida después de la muerte, los ateos nunca podrán saber con certeza que tenían la razón, y los creyentes nunca podrán saber en realidad que se habían equivocado.

Me gustaría saber. No simplemente confiar, ni solo esperar. Me gustaría tener mi propio milagro de buena fe: como mi propia zarza ardiendo, o un vellón mágico, o que los Cachorros ganen la serie mundial mientras estoy vivo.

Toda esta diferencia de opinión hace surgir un problema. Muchos que son más inteligentes que yo, con una mejor educación y un corazón más grande que el mío, ni siquiera pueden ponerse de acuerdo entre sí. No puedo leer todo libro. Incluso si pudiera, no soy lo suficiente listo como para desenredar lo que deja perplejas a mentes mucho más inteligentes que la mía. Así que, ¿cómo puedo elegir con alguna confianza?

En el siglo diecinueve, un filósofo y matemático llamado William Clifford escribió un ensayo enormemente influyente titulado «La ética de la creencia». Él aducía que «siempre es errado, en todas partes, para todos, creer en algo basado en una evidencia insuficiente». Aunque no lo dijo de forma directa, estaba escribiendo acerca de la fe en Dios. En realidad, estaba diciendo: «Mucha gente inteligente por ahí discrepa entre sí en cuanto a si Dios existe. No hay manera de saber quién tiene razón y quién se equivoca, así que la única respuesta apropiada es: "No decidas. No te comprometas. Abstente. Opta por la duda"».

Fue alrededor de la era de Clifford que Thomas Huxley acuñó el término *agnóstico*, el cual no existía antes del siglo diecinueve. Los agnósticos, dijo Huxley, «se rehúsan por completo a comprometerse», bien sea a negar o afirmar lo sobrenatural.

Huxley mismo celebró a René Descartes como el primero en entrenarse a sí mismo para dudar. El método de Descartes para obtener conocimiento fue empezar dudando de todo hasta que halló una creencia inconmovible: «*Cogito ergo sum*»... «Pienso, luego existo». (Mi chiste favorito cartesiano: Descartes entra a una cantina. «¿Quieres una cerveza?», le pregunta el cantinero. «Pienso que no», dice Descartes y luego desaparece). Huxley afirmó que «la duda había sido sacada del asiento de la penitencia ... a donde por tanto tiempo había sido condenada, y entronizada en ese alto lugar entre los deberes primarios».

Capto su punto. Me gustaría saber con certeza. Quiero saber si todo es verdad: que Dios en realidad está allí, que Jesús en verdad expulsó demonios, anduvo sobre el agua, y resucitó de los muertos al tercer día. Me gustaría tener la certeza de que cuando se escuche el toque de queda sobre mi cadáver aquí abajo, alguien estará tocando el clarín al otro lado.

Me gustaría *saber*. No simplemente confiar, ni solo esperar. Me gustaría tener mi propio milagro de buena fe: como mi propia zarza ardiendo, o un vellón mágico, o que los Cachorros ganen la serie mundial mientras estoy vivo.

Y ya que no puedo *saber*, según Clifford dijo, debería simplemente conformarme a permanecer en la tierra del «No lo sé» y contentarme con el agnosticismo.

Cuando la neutralidad es una mala decisión

Sin embargo, un filósofo llamado William James respondió que a veces el consejo de Clifford es una mala estrategia. Él afirmó que la duda es la alternativa errada siempre que se reúnen tres condiciones: cuando tenemos opciones vivas, cuando lo que está en juego es de importancia, y cuando tenemos que tomar una decisión.

A veces tengo que escoger entre dos opciones incluso cuando no puedo probar ninguna. La neutralidad cósmica ignora este problema: Tengo que vivir. Tengo que tomar decisiones. Tengo que pasar mi vida orando o no orando, adorando o absteniéndome de adorar. Tengo que ser guiado por algunos valores y deseos. Y luego tengo que morir. Debo vivir mi vida por completo, a plenitud, sin el lujo de guardar algo para los segundos cien años. Mi vida es el voto que he hecho: por Dios o contra él.

Nuestras creencias no son solo un cálculo de probabilidades. También son los instrumentos que guían nuestras acciones.

Mi cerebro no puede proveerme la certeza de que estoy apostando mi vida a la verdad. Mi mortalidad no me proporcionará el lujo de esperar hasta que sepa esto con certeza. Hay un camino hacia la certidumbre... a través de una puerta rotulada «muerte». Entonces sabré, o no quedará nada de mí para saberlo. No obstante, tengo que decidir cómo voy a vivir de este lado de la puerta. Una vez que hemos nacido, tratar de dejar para luego la decisión de qué hacer en cuanto a Dios es como saltar de un trampolín y tratar de dejar para luego entrar al agua.

Cuando pienso en esta urgencia, recuerdo un dicho que mi amigo Kent, que toca el tambor, me refirió. El trasfondo de este dicho descansa en el hecho de que todos los músicos están divididos entre el deseo de perfección y la demanda de la realidad. A ellos les gustaría saber antes de entonar una nota que estará perfectamente afinada. Les gustaría saber antes de golpear el tambor que el toque tendrá un ritmo perfecto. Sin embargo, los músicos se sienten confrontados por la realidad. No hay garantías de perfección para sus decisiones. Es más, al contrario, hay una garantía de imperfección. Kent me dice que nadie jamás ha cantado con una afinación perfecta; ningún tambor jamás ha sido golpeado en un tiempo perfecto. Así que él tiene un dicho que le recuerda la necesidad de en realidad tocar una nota frente al hecho de la imperfección potencial:

«*Uno tiene que hacer algo.* Si me rehúso a cantar una palabra o tocar una nota hasta estar seguro de la perfección, nunca habrá música».

Si uno no quiere ir a la tumba con toda la música guardada, tiene que arriesgarse. Tiene que lanzar los dados. Tiene que aceptar límites, y la incertidumbre, y riesgos, y errores. Tiene que hacer algo.

Algunos escogen la duda. No obstante, la duda no siempre es la mejor estrategia. Si seguimos el consejo de Clifford, nadie jamás se uniría a un partido político, ni tomaría una posición en cuanto a la pena capital, ni votaría por un candidato a la junta escolar, porque personas más inteligentes que nosotros discrepan en todas esas cosas.

El teólogo Lesslie Newbigin escribe que vivimos en una edad que favorece a la duda sobre la fe. A menudo hablamos de «fe ciega» y «duda honesta». Tanto la fe como la duda pueden ser honestas o ciegas, pero rara vez hablamos de «fe honesta» o «duda ciega». Se necesitan tanto la fe como la duda; sin embargo, la fe es más primordial. Incluso si dudo de algo, debo creer que hay criterios por los cuales se puede juzgar. Debo creer en algo antes de dudar de algo. La duda es para la creencia lo que la oscuridad es para la luz, lo que la enfermedad es para la salud. Representa una ausencia. La enfermedad puede considerarse la ausencia de salud, pero la salud es más que la ausencia de enfermedad. Lo mismo ocurre con la duda y la fe. La duda es una buena sierva, pero una mala patrona.

«La duda es útil por un tiempo ... Si Cristo pasó una angustiosa noche en oración, si él prorrumpió desde la cruz: "Dios mío, Dios mío, ¿por qué me has desamparado?", con certeza se nos permite dudar. Sin embargo, debemos avanzar. Escoger el dudar como una filosofía de la vida es lo mismo que escoger la inmovilidad como medio de transporte».

¿Es la fe o la duda más racional?

Los que dudan a menudo acusan a los creyentes de ser irracionales. Pero la racionalidad de la creencia es una cuestión peliaguda. Nuestras creencias no son solo un cálculo de probabilidades. También son los instrumentos que guían nuestras acciones.

Digamos que usted es el director de los Dodgers de Los Ángeles. Es la temporada de la serie mundial y su equipo juega contra los Atléticos de Oakland. Están en la novena entrada, y usted tiene una carrera de desventaja con un corredor en base y dos outs. El más grande lanzador de relevo del mundo está en el montículo. Usted cuenta con dos bateadores de emergencia que poseen un promedio de bateo de doscientos cincuenta. Uno de ellos dice: «Probablemente me poncharé. Hay una probabilidad de tres contra cuatro de que perderé la batalla. Pero al menos no permitiré que mis emociones nublen mi pensamiento. Reconoceré la probabilidad de mi fracaso con calma y claridad». El otro afirma: «Pienso que lograré batear. Tengo una profunda convicción de que este es mi día».

¿A quien va a enviar al cajón de bateo? ¿Sería más *racional* enviar al que martilla la lógica y piensa que va a fallar? ¿Tendría más *sentido* llamar a Kirk Gibson con su sombra de las cinco en punto, su rodilla lastimada y su vacilante convicción de que está destinado a la inmortalidad? Usted enviaría al bateador emergente que confía por completo en que puede ser útil. Hay *razones* para la fe que van más allá de la mera evidencia. (Si usted no es aficionado al béisbol, sepa que Kirk Gibson fue un jardinero de Los Ángeles y un poderoso bateador que se lesionó gravemente, el cual en 1988 provocó el momento más grande de todos los tiempos en una serie mundial y convenció para siempre a los aficionados de los Dodgers de que Dios no solo existe, sino que en realidad es un fanático de los Dodgers.)

Permítame intentar otra analogía. Estoy atrapado en el décimo piso de un edificio incendiado. El ascensor se ha derretido, las escaleras se han derrumbado, y mi única vía de escape es saltar por la ventana hacia una frazada que sostiene un grupo de bomberos voluntarios. La frazada se ve delgada. Algunos de los bomberos han estado celebrando Octoberfest. ¿Sería *racional* decir: «No salto, pues en el mejor de los casos les doy un diez por ciento de probabilidades de que me atrapen; a lo mejor me muero aquí, pero no voy a saltar por la ventana y arriesgarme a parecer ingenuo»?

Al estar en un edificio incendiado me doy perfecta cuenta de que no estoy en el juego de calcular probabilidades; estoy en el juego de sobrevivir. Lo que hace *racional* el saltar por la ventana es que es la mejor probabilidad que tengo de lograr mi *propósito*, que es sobrevivir.

La cuestión de la fe nunca es una cuestión de calcular las probabilidades de la existencia de Dios. No somos simplemente calculadores de probabilidades. Vivimos en un edificio incendiado. Este se llama cuerpo. Y el reloj sigue su marcha.

Digamos que echamos nuestra suerte con los que dudan. ¿Qué esperanzas tengo de un propósito grandioso en un callejón sin salida? Así es como Bertrand Russell, ateo de un siglo anterior, lo indica: «En el mundo visible, la Vía Láctea es un fragmento diminuto. Dentro de este fragmento, el sistema solar es una brizna infinitesimal, y dentro de la brizna nuestro planeta es un punto microscópico. En ese punto, diminutos conjuntos de carbono y agua se arrastran por unos pocos años hasta que se disuelven de nuevo en los elementos de los cuales fueron compuestos».

¿Se trata solo de mí, o esto es simplemente un poco deprimente? ¿Le gustaría que yo leyera algo así en su funeral? «Había un pequeño grumo de carbón y agua arrastrándose en esta brizna por un tiempo. Ahora ha desaparecido. Elvis ha dejado el edificio. Adiós».

Tal vez la vieja Bertie tenía razón. Tal vez el universo es una máquina ensamblada por accidente, sin ningún propósito. Tal vez un día se le acabará la cuerda. Tal vez, cuando la Gran Explosión se colapse sobre sí misma, cuando el sol se expanda y la tierra se destruya... entonces toda la vida que conocemos terminará, y no hará ninguna diferencia ese día si yo quise a mis hijos o los maltraté. Todos somos solo átomos. Tal vez. Sin embargo, no conozco a nadie que viva de acuerdo con esa idea.

No veo cómo sería posible hallar una vida significativa en un universo sin sentido. El único propósito que es merecedor de la vida es algo más grande que la vida misma.

Un teólogo llamado Woody Allen captó lo absurdo de la situación en que esto nos deja: «Más que en cualquier otro tiempo en la historia humana, la humanidad enfrenta una encrucijada. Una senda conduce a la desesperación y la absoluta desesperanza. La otra conduce a la extinción total. Oremos que tengamos la sabiduría para escoger correctamente».

No veo cómo sería posible hallar una vida significativa en un universo sin sentido. El único propósito que es merecedor de la vida es algo más grande que la vida misma. Va más allá de ampliar al máximo el placer y minimizar el dolor por unos pocos años en la tierra. El único propósito que es digno de la vida es ser parte de una visión más grande: la redención de la creación, la búsqueda de la justicia, el llegar a convertirse en santos.

Usted ha sido lanzado

Es precisamente el darse cuenta de esto con respecto a la condición humana lo que yace detrás de la famosa presentación de Blas Pascal de la cuestión de la fe como una apuesta. Tomar una decisión en cuanto a la fe es más como hacer una apuesta que como juzgar en un debate, porque en la vida —como en la ruleta— tenemos algo que depende del resultado.

Algunos piensan que Pascal simplemente estaba haciendo una apelación cruda al interés propio. Yo tenía dos compañeros en la universidad que concibieron lo que llamaban la teoría del «peor de los infiernos» para escoger una religión. Funciona de esta manera: Estudie todas las religiones, identifique la fe que amenaza con enviar a la gente al peor de los infiernos, y luego únase a ella. De esta manera, eliminará por lo menos el escenario cósmico del peor caso.

Sin embargo, no pienso que eso sea justo lo que Pascal estaba tratando de decir. Pascal fue un brillante matemático. Inventó la primera calculadora y el primer sistema de transporte público, desarrolló la teoría de las probabilidades y mucho de las matemáticas aplicadas a la administración del riesgo, y demostró la existencia del vacío... todo lo cual estableció el escenario para la física cuántica, la industria de los seguros, las loterías por medio de bolas y los formularios para las carreras, las bombas al vacío, la bomba atómica y la exploración del espacio exterior. Él fue, como un biógrafo anota, «el hombre que inventó el mundo moderno».

Pascal también fue un francés aristócrata acomodado. Le fascinaban las apuestas, que eran una obsesión para la clase alta de Francia en el siglo diecisiete. Su uso de la apuesta fue una manera de mostrar que la fe no es simplemente una cuestión de calcular la probabilidad de que Dios existe. Hay ciertos votos de los cuales es imposible abstenerse, lo que William James llamó decisiones *forzosas*. Por ejemplo, si uno decide postergar la toma de una decisión en cuanto a ponerse en forma, el cuerpo decide por uno.

Es lo mismo, según dijo Pascal, cuando se trata de Dios. La evidencia sola no puede indicar con claridad que Dios exista o no. Sin embargo, debemos escoger si le vamos a buscar. No escoger es una decisión en sí misma. Nuestra apuesta empieza en el momento en que nacemos. Uno ha sido «lanzado». Apostamos la vida de una manera o la otra. Dios o bien existe o no. Cara o cruz... no hay tercera opción.

Si Dios no existe, perdemos una vida dedicada a procurar amar, vivir con generosidad, decir la verdad y hacer justicia. No obstante, si Dios en efecto existe y escogemos no seguirle, lo perdemos todo.

«Toda persona cree, pues no hay otra manera de vivir. Incluso los que dicen que *saben*, que no tiene necesidad de *creencia*, están lanzando los dados. Justo los están lanzando más fuerte que la mayoría». Todos tenemos, en el sentido más literal, la piel en juego.

Hay una especie de versión secular reciente de la apuesta de Pascal. Robert Nozick, filósofo de Harvard, basado en un aspecto de la física moderna, especulaba que puede ser imposible que las personas dejen de existir. Él sugiere este enfoque para la vida: *Primero, imagine qué forma de inmortalidad sería la mejor; luego viva su vida como si fuera verdad.* Nozick murió a los pocos años de haber empezado el nuevo milenio. Si es imposible que las personas dejen de existir, ahora él ya lo sabe.

«La vida es una gran sorpresa», escribió Vladimir Nabokov, «no veo por qué la muerte no debería ser una incluso mayor».

Los escépticos radicales creen que no podemos saber nada. Hay una vieja historia acerca de un examen de filosofía sobre el escepticismo que consistía en una silla que se hallaba en medio de un salón de clases. Los estudiantes debían resolver un solo problema: «Demuestren que esta silla existe». Un estudiante contestó en dos palabras: «¿Cuál silla?» Recibió una A.

Los escépticos pueden creer que es imposible demostrar que las sillas existan. Pero con todo se sientan en ellas.

Los nihilistas radicales creen que *podemos* saber algo, y que lo que sabemos es que no *hay* significado. Podemos saber que, en la memorable frase de Jennifer Hecht, «el universo no es otra cosa que un montón accidental de cosas, sacudiéndose por todos lados sin ritmo ni razón, y toda la vida en la tierra no es otra cosa que una diminuta partícula totalmente inconsecuente de nada, en un rincón del espacio, existiendo en un abrir y cerrar de ojos, sin ser nunca juzgada, notada o recordada». No obstante, incluso los nihilistas, según escribe Michael Novak, dedican los hermosos días de octubre a sentarse puertas adentro frente a sus computadoras tecleando mensajes con la fe de que alguien los lea, que alguien será iluminado, y que lo que ellos dicen tendrá *significado* en un universo que aducen no lo tiene. «Son hombres y mujeres de fe nuestros nihilistas».

Tal vez, por difícil que sea apostarle a la fe, es incluso más difícil apostarle a la duda.

Volar y atrapar

Pienso que Clifford se equivocó en su ensayo acerca de la ética de la creencia; cuando se trata de Dios, es tonto abstenerse incluso cuando no se tenga certidumbre. Apostaría mi dinero a Pascal. Sin embargo, no estoy seguro de que la idea de una apuesta capta con propiedad la necesidad desesperada de la condición humana. Así que probaré con una nueva imagen.

Esta viene de Henri Nouwen, cuya donación al mundo fue su lucha con el dolor y la fe como el sanador herido. Durante la etapa final de su vida, tomó un año sabático en el que descansó de su trabajo y su tarea de escribir. Anhelaba que Dios lo hallara dedicado a la oración. Se encontró a sí mismo atraído —imagínese— por un acto de circo. Un sacerdote holandés que había enseñado en Harvard y Yale viajaba con el más grande espectáculo de la tierra. Tenían un acto en trapecio, «Los Rodleighs voladores». Nouwen los vio realizar sus acrobacias, y después llegó a conocerlos. Los artistas de trapecio por lo general usan una red de seguridad en estos días, pero incluso caer en una de ellas es peligroso y a veces fatal.

Había cinco miembros que realizaban el acto: tres «voladores» y dos «atrapadores». El volador sube por la escalera, se sube a la plataforma y empuña el trapecio. Entonces salta de la plataforma, columpiándose por el aire. Usa su cuerpo para impulsarse, columpiándose con velocidad y altura crecientes. El atrapador cuelga de sus rodillas en otro trapecio, con sus manos libres para extenderse.

El momento de la verdad llega cuando el volador se suelta. Él vuela por el aire sin ningún apoyo, sin ninguna conexión a la tierra. Hace una acrobacia o dos. Imagíneselo en la mitad de una voltereta y detenga la imagen. En ese momento, no hay absolutamente nada que impida que el volador caiga al suelo y se mate. ¿Qué piensa usted que siente él? ¿Piensa que se siente plenamente vivo, con cada célula de su cuerpo gritando a voz en cuello? ¿Piensa que siente algún miedo en ese instante?

> *El momento de la verdad llega cuando el volador se suelta. Él vuela por el aire sin ningún apoyo, sin ninguna conexión a la tierra. ¿Piensa que se siente plenamente vivo? ¿Piensa que siente algún miedo en ese instante?*

En el siguiente minuto el atrapador se columpia y entra en nuestro campo visual. Ha calculado sus movimientos a la perfección. Llega justo cuando el volador pierde impulso y empieza a descender. Sus manos se aferran a los brazos del volador. El volador no puede verlo; para él todo es borroso. Sin embargo, se siente arrebatado en el aire. El atrapador lleva al volador hacia la seguridad. Y el volador está muy, pero muy contento.

Nouwen dedicó un tiempo a conocer a los voladores. Los voladores son pequeños, pesando como sesenta kilos o menos, porque si uno es un atrapador, no quiere tener como compañero a un volador goloso. Aprendió sobre el equipo que usaban. Ellos tenían calcetines llenos de polvo de magnesio para las manos, en especial para Joe, que era uno de los atrapadores. Le comentaron a Henri: «Joe suda mucho». Si uno es un volador, no quiere un atrapador con manos sudorosas.

Aquí es donde la confianza entra en juego. Soltarse siempre es un acto de confianza. Rodleigh, como se llamaba el líder del grupo, le explicó a Nouwen:

—Como volador debo tener una confianza completa en mi atrapador. El público puede pensar que yo soy la estrella del trapecio, pero la estrella real es Joe, mi atrapador. Él tiene que estar allí para mí con la precisión de una fracción de segundo y atraparme en el aire cuando llego hasta él en el salto largo.

—¿Cómo funciona esto? —le preguntó Nouwen.

—El secreto está en que el volador no hace nada. El atrapador lo hace todo —le respondió—. Cuando vuelo hacia Joe, simplemente tengo que estirar mis brazos y manos y esperar.

—¿No haces nada? —inquirió Henri.

—El volador debe volar, y el atrapador debe atrapar. El volador debe confiar con sus brazos extendidos en que su atrapador estará allí esperándolo.

Todos vamos a tener que soltarnos. Pero nosotros escogemos hacia quién saltamos. Escogemos, no nuestro nivel de certidumbre, sino las convicciones a que nos comprometemos. El creer importa. No obstante, hay otro aspecto de creer que debemos conocer. Imaginarse lo que en realidad creemos resulta ser sorprendentemente difícil. Muchos piensan que creen en Dios, pero en verdad no es así.

3

¿Qué clase de creencia importa en realidad?

Los que piensan que creen en Dios, pero sin pasión de corazón, sin angustia mental, sin incertidumbre, sin ninguna duda, e incluso a veces sin desesperanza, creen solo en la idea de Dios, y no en Dios mismo.

Madeleine L'Engle

He aquí un pequeño experimento: Empiece una frase con las palabras «Yo creo...», y luego termínela con algo que sienta muy hondo. Es imposible hacerlo sin sentir que se levantan y agitan los sentimientos.

La necesidad de declarar nuestras creencias profundamente sostenidas es un aspecto irreprimible del ser humano. En el acto de definir lo que creemos, nos definimos a nosotros mismos. Yo soy quien puede discernir lo que es verdadero, real y noble, y adherirme a eso. Creo. Una de las mejores lisonjas que podemos hacer es preguntarle a otro su opinión, porque lo que creen importa.

A veces se disputa incluso la noción de que los seres humanos son capaces de formar creencias. Daniel Dennett (el filósofo mencionado en el capítulo 1 como perteneciente al Nuevo Ateísmo) arguye que la «creencia» no es un concepto científicamente válido. La analogía que usa tiene que ver con una computadora jugando ajedrez. Las computadoras no pueden «sostener creencias». Tratar a una como si lo hiciera (como si creyera que debe proteger a su rey) puede ayudarnos a *lidiar* con la computadora. No obstante, uno sabe que *en realidad* la computadora no es otra cosa que conductores y circuitos integrados, así que no puede *creer* nada. Lo mismo sucede con los seres humanos: somos conductores y circuitos integrados. Los seres humanos en verdad no sostienen ninguna creencia; es simplemente útil tratarlos como si las sostuvieran. Eso es lo que Daniel Dennett aduce.

Sin embargo, él en realidad no *cree* eso.

Ser es creer. Una pregunta importante para hacerse uno mismo es: ¿Qué es lo que *creo* en realidad y qué solo pienso que se *supone* que debo creer?

A veces nuestros credos son de fabricación casera. A veces nuestros credos son risibles. A veces buscamos creencias de diseñador que muestren lo tan a la moda que estamos.

En la trilogía El señor de los anillos, Sam está tratando de animar a Frodo para que no se dé por vencido. Le recuerda a Frodo que todas las grandes historias tratan de personajes que perseveraron cuando todo parecía demasiado difícil. Todos hallaron algo a lo que aferrarse. «¿Y qué de nosotros?», pregunta Frodo. «¿Qué tenemos para aferrarnos?» Sam responde: «Existe el bien en el mundo. Y vale la pena pelear por eso».

Esa línea me venció. Me hallé atragantándome sin saber siquiera por qué. Más tarde me percaté de por qué esas palabras me conmovieron tanto: creo en ellas sin dificultad. Con frecuencia, en parte debido mi trabajo, hay enunciados que pienso que *debo* creer o *quiero* creer. A veces, debido a que se me paga o aplaude por afirmar esas creencias, me pregunto si en realidad creo algo en verdad o si simplemente me convenzo a mí mismo de ello porque se me recompensa. No obstante, mi corazón le dijo que sí con una pasión genuina a esta creencia: Existe el bien en el mundo. Y vale la pena pelear por eso.

Creo.

A veces nuestros credos son de fabricación casera. Robert Fulghum solía escribir el suyo cada año. Un año empezó con «Todo lo que necesitaba saber lo aprendí en el jardín de infantes», y vendió una millonada de libros.

A veces nuestros credos son risibles. Se han vendido incontables etiquetas para los parachoques de los autos que proclaman el lema: «Todos tiene que creer en algo. Yo creo que pediré otra cerveza».

A veces buscamos creencias de diseñador que, como las marcas de un diseñador famoso, muestren lo tan a la moda que estamos. La película *Bull Durham* fue escrita por un hombre que creció en la fe y luego la iglesia lo desilusionó. Empieza con la protagonista diciendo: «Creo en la iglesia del béisbol. He probado todas las religiones grandes y la mayoría de las menores ... y la única iglesia que en verdad alimenta el alma es el béisbol». Más tarde en la película el personaje representado por Kevin Costner recita su credo: «Creo en el alma ... la bola lenta curva, el alto contenido de fibra, el buen licor ... Creo que debe haber una enmienda constitucional proscribiendo el césped artificial y al bateador designado. Creo en los besos largos, lentos, profundos y suaves que duran tres días». A mi esposa le gustó eso. Pienso que demasiado. Mi esposa es una fundamentalista cuando se trata de Kevin Costner. Kevin lo dijo; ella lo cree; y eso lo resuelve todo.

¿Qué es lo que *en realidad* creemos?

Luego están las grandes creencias, creencias que muchos han estudiado durante toda su vida, creencias sobre las que han discutido, de las que han disfrutado, y por las que se han sacrificado y muerto:

Creo en Dios, Padre todopoderoso, Creador del cielo
y de la tierra, y en Jesucristo,
su Hijo unigénito, nuestro Señor;
que fue concebido del Espíritu Santo, nació de la virgen
María, sufrió bajo Poncio Pilato, fue crucificado, muerto y sepultado...

A veces las personas pueden recitar palabras como estas sin siquiera preguntarse si en realidad las creen. Hace unos pocos años una iglesia acababa de comenzar a imprimir su liturgia con una computadora. Una mujer llamada Edna falleció, y pudieron ahorrar tiempo haciendo que la computadora imprimiera el mismo orden del servicio que habían usado para el funeral anterior de una mujer llamada María. Simplemente le instruyeron a la computadora que cambiara en cada oportunidad el nombre de María por el de Edna. Todo marchó bien hasta que se hallaron repitiendo el Credo de los Apóstoles y diciendo que creían en Jesucristo, el cual fue concebido del Espíritu Santo y nacido de la virgen Edna. («*Esto no me suena bien, pero pienso que se supone que debo creerlo...*»)

Ahora bien, imagínese que dos personas afirman el Credo de los Apóstoles. Una persona es humilde, cariñosa, sincera, sorprendentemente intrépida y llena de vida, y la gente de buen corazón por lo general descubre que quiere estar cerca de ella. El otro individuo afirma las mismas creencias, pero es egoísta, colérico, criticón, cruel, arrogante y riega chismes en cuanto a la gente; nadie quiere estar con él. Esta es la pregunta: ¿Tienen estas dos personas la misma fe? ¿En realidad creen las mismas cosas, y si es así, por qué son tan diferentes?

No obstante, la pregunta real a la que estamos llegando es esta: Si la fe es tan importante, si es una cosa tan grande para

Dios que en realidad afirmamos que somos salvados por gracia a través de la fe (Efesios 2:8), solo de la fe, ¿por qué a veces la fe no parece hacer una mayor diferencia en la vida de la gente? ¿Cómo pueden dos personas tener la misma fe pero ser tan diferentes? ¿Por qué la fe no es determinante en la vida de uno?

Para llegar a esto, démosle una mirada a lo que el filósofo Michael Novak designa como tres diferentes clases de convicciones. Todos tenemos convicciones en cuanto a lo que creemos, y Novak dice que podemos hablar de ellas de tres maneras.

Convicciones públicas

Las *convicciones públicas* son convicciones que deseo que otros piensen que poseo, aunque en realidad tal vez no crea en ellas. Por ejemplo, si una cierta persona me preguntara: «¿Hace este vestido que mis caderas se vean demasiado grandes?», la respuesta correcta es: «No, yo ni siquiera sabía que *tenías* caderas hasta que las mencionaste». Hago tales declaraciones con el propósitos de mantener las relaciones personales, independientemente de si lo creo en realidad.

Los personajes públicos son notorios por enunciar convicciones con el propósito de producir una impresión antes que comunicar la verdad («Esta es la nación más grande sobre la faz de la tierra»; «Esta es la elección más importante de toda nuestra vida»). El comediante de televisión Stephen Colbert dice que la cualidad a la que estos enunciados aspiran es la *verdidad*. Tal vez no *sean* verdad, pero *suenan* a verdad; permiten que el que las dice impresione a la gente con su sinceridad.

Tal cosa ha estado teniendo lugar desde hace largo tiempo. Después que Jesús nació, el rey Herodes les dijo a los sabios: «Vayan e infórmense bien de ese niño y, tan pronto como lo encuentren, avísenme para que yo también vaya y lo adore» (Mateo 2:8).

Esa no era en realidad la verdadera intención de Herodes. Se trataba de una patraña. Criticamos a los políticos por reemplazar la verdad con la verdidad, pero yo tengo un político interno que trabaja tiempo extra, y su principal tarea es elaborar y comunicar convicciones públicas que me ayuden a conseguir lo que quiero.

A veces, ser parte de una comunidad de fe aumenta la tentación a pretender creer lo que en realidad no creemos.

A veces ser parte de una comunidad de fe aumenta la tentación a pretender creer lo que en realidad no creemos. La universidad a la que asistí exigía que los miembros de la facultad firmaran un documento afirmando que creían en el premilenialismo, una doctrina que afirma que Jesús volverá para llevarse de este mundo a sus seguidores antes de inaugurar su reinado terrenal de mil años. Sus empleos dependían de esa afirmación. Le preguntamos a uno de los profesores por qué firmó esto, puesto que esta ha sido la posición de la minoría en toda la historia de la iglesia. «Mi creencia en el premilenialismo cuelga de una delgada hebra económica», dijo.

Esa sería una convicción pública. Uno de los peligros de predicar es que tienta a los predicadores a pretender que no tienen dudas y a conformarse con la verdidad.

Convicciones privadas

Las *convicciones privadas* son convicciones que sinceramente *pienso* que creo, pero resulta que pueden ser volubles. Pueden ser ilusorias. Aunque suene extraño, puedo *pensar* que creo en algo, pero resulta que mis verdaderas convicciones exigen otro camino.

Por ejemplo, tengo un amigo al que llamaré Maurice Chevalier que tenía un patrón de convicciones privadas veleidosas. Maurice a menudo se hallaba profundamente atraído por alguna mujer cuando la misma no estaba disponible, es decir, cuando ella estaba saliendo con otro. Maurice creía con sinceridad que esa mujer era maravillosa, que le encantaría tener una relación romántica con ella, y que perderla sería trágico. Se lo decía si la dama le escuchaba. De cuando en cuando una mujer así rompía con su novio y quedaba disponible. No obstante, cuando hacía eso, en el instante en que le decía a Maurice que ahora estaba libre e incluso buscando el compromiso, mi amigo se daba cuenta de que en realidad no creía que ella fuera tan maravillosa después de todo. Mi esposa, que es una incorregible casamentera, ni siquiera trataría de emparejar a Maurice con alguien. Ella ahora le llama a este síndrome «la enfermedad de Maurice Chevalier».

Las convicciones privadas parecen ser reales al momento, pero cuando las circunstancias cambian, se revelan como vacías. Un ejemplo bíblico de esto tuvo lugar la noche antes de que Jesús muriera cuando predijo que Pedro le negaría. Pedro afirmó: «Aunque todos te abandonen, yo no ... Aunque tenga que morir contigo ... jamás te negaré» (Marcos 14:29,31).

Cuando Pedro pronunció estas palabras, ¿era sincero en ese momento? Sí, pienso que lo era. ¿Eran verdad esas convicciones? No. ¿Se sintió Pedro de la misma manera al día siguiente cuando las cosas se pusieron difíciles, cuando en realidad se vio confrontado con el hecho de que tendría que sufrir si se identificaba con Jesús? No. A veces *pensamos* que tenemos convicciones, pero resulta que son volubles. En realidad no son profundas, y cuando nuestras circunstancias cambian, sentimos algo diferente.

Elmer Gantry fue una novela ficticia y después una película acerca de un farsante predicador de avivamientos a principios del siglo veinte. Él predicaba con gran fuerza y poder sobre el amor de Dios y la oscuridad del pecado, pero entre un servicio y otro se apartaba del sendero para hacer trampas por dinero, engullir licor y perseguir mujeres. Un reportero llegó a reconocerlo, y se quedó perplejo por la manera en que podía vivir una vida tan mundana y sin embargo predicar con lo que parecía ser tal sinceridad y emoción. Le preguntó a Gantry si en realidad creía lo que predicaba. Su respuesta fue: «Cuando estoy predicando, lo creo». (Elmer Gantry tal vez ya no sea tan bien conocido. Nancy fue a un almacén de vídeos y música hace poco y le preguntó a un joven empleado si tenían a *Elmer Gantry*. «No lo sé», contestó él, «¿cuáles son algunas de sus canciones?»)

A veces las convicciones privadas pueden incluir el autoengaño: *queremos* creer algo o estamos *comprometidos* a creer algo, aunque a cierto nivel sabemos que es falso. La gente con síntomas de una enfermedad temible se figuran una manera de soslayarlos; las parejas ignoran la evidencia de un cónyuge que los engaña; los padres mimosos exageran la capacidad de su hijo.

Unos amigos y yo una vez leímos un relato de la Biblia acerca del profeta Elías y su criado. Estaban rodeados por enemigos, y el criado se sentía en peligro. Elías oró que Dios le abriera los ojos, y de repente el criado observó que estaban rodeados de ángeles y carros de fuego, que en realidad estaban seguros bajo el cuidado vigilante de Dios. Alguien preguntó: «¿Cómo responderías si eso te sucediera a ti?», y uno de los asistentes en el grupo, un hombre en realidad brillante y con un doctorado, que había pertenecido a la iglesia evangélica toda su vida, respondió: «En realidad me sorprendería al descubrir que lo que he creído todo el tiempo resulta que es verdad».

Esa frase se me quedó grabada. ¿Qué quería decir él con eso de creer en algo que le sorprendería que resultara ser verdad? «A veces es difícil para un hombre aceptablemente honesto decir lo que cree».

Convicciones básicas

Este concepto nos lleva a un tercer nivel de convicciones, y estas son las que en verdad importan. Las *convicciones básicas* se revelan en nuestras acciones diarias, en lo que hacemos en realidad. Son lo que pudiéramos llamar el «mapa mental». Cada uno de nosotros tiene uno de estos mapas mentales con relación a la manera en que pensamos que las cosas son en realidad y la forma en que la vida en efecto funciona.

Creo que si toco fuego me quemaré. Creo que el café me ayuda a despertarme. Creo en la gravedad. Esto es parte de mi mapa mental, así que no tengo que trabajar duro para comportarme de una manera congruente con la gravedad. No tengo que decir: «Hoy voy a demostrar mi consagración a mi creencia en la gravedad». No tengo que recordarme a mí mismo que no debo saltar desde el décimo piso de un edificio. (Por otro lado, si quiero hacerme daño, saltaría del edificio. Mis acciones siempre son el resultado de mis *propósitos* y mis *convicciones básicas*.) La gravedad es una parte de mi mapa mental con relación a la manera en que las cosas son en realidad, y por consiguiente mis acciones son siempre congruentes con mi creencia en la gravedad. Esto quiere decir que me he convertido en un estudiante de mi propia conducta para descubrir lo que realmente creo.

Hace años llevé a mi hija a un campamento en la parte superior de la península de Michigan. No había calefacción, ni luces, ni electricidad, ni teléfonos, ni agua caliente, ni plomería interna. Lo llamaban Campamento Paraíso.

Pienso que el nombre era irónico.

Mientras estuvimos allí, hicimos un recorrido sobre cuerdas que me permitió aprender algo más en cuanto a la fe. Las cuerdas estaban colocadas como a diez metros del suelo, y teníamos que pasar de una estación a otra. Antes de que hiciéramos ese recorrido, tuvimos que asistir a una clase relacionada con la seguridad. Todos estaríamos firmemente enganchados a una cuerda de seguridad. El instructor nos dio información acerca de cuán seguros eran los chalecos, cómo los ganchos de seguridad podían sostener quinientos kilos de peso, y cómo lo peor que podía sucederle a cualquiera que resbalara es que quedaría colgado en el aire hasta que lo rescataran.

Todos creímos la información. Si se nos hubiera sometido a un examen, todos hubiéramos afirmado nuestras creencias en la seguridad de cada paso del recorrido sobre cuerdas. Sin embargo, algo extraño sucedió cuando nos encontrábamos a diez metros sobre el suelo. Descubrí que mi cuerpo no creía que estaba seguro. Mis glándulas sudoríparas claramente tenían dudas. El regulador de los latidos de mi corazón estaba nervioso. El escuadrón de mariposas de mi estómago se dedicó a la acción. Yo podía tratar de comunicarle a mi cuerpo toda la información acerca de la seguridad, pero no me estaba oyendo.

No obstante, había estudiantes universitarios que trabajaron todas las vacaciones en el Campamento Paraíso. Ellos recorrían las cuerdas todos los días. Y sus cuerpos creían que estaban seguros. Uno podía verlo en la soltura de sus movimientos y oírlo en sus risas. No se preocupaban por su suerte. Sus mentes estaban libres para tener pensamientos más interesantes.

¿Qué cree mi cuerpo?

«No juzgues para no ser juzgado». Me gustaría pensar que creo esto, pero es indudable que mi boca no está convencida.

> *Las convicciones básicas se revelan en nuestras acciones diarias, en lo que hacemos en realidad. Son lo que pudiéramos llamar el «mapa mental».*

«El que quiera ser grande, debe ser siervo». Marcaría esto como verdadero en un examen, pero mis manos a menudo tienen otras ideas.

«Él cuida de las aves». Me encanta la canción, pero mis glándulas suprarrenales sienten que el jurado aún no ha dado su veredicto.

«Es mejor dar que recibir». Predico mensajes sobre esto, pero el lugar en donde se encuentra mi billetera es menos evidente.

La fe es llegar a creer con mi cuerpo entero lo que digo en mi mente que creo. Otra palabra para esto es *paraíso*.

Así que tengo tres diferentes clases de convicciones. Podemos pensar de ellas de esta manera: lo que *digo* que creo, lo que *pienso* que creo, y lo que mediante mis acciones *revelo* que en realidad creo.

El mejor indicador de mis verdaderas creencias y mis verdaderos propósitos son mis acciones. Las mismas siempre fluyen de mi mapa mental con relación a la manera en que las cosas son en realidad. Lo que digo que creo puede ser falso. Lo que pienso que creo puede ser voluble. Sin embargo, nunca violo mi idea acerca de la manera en que las cosas son. Siempre vivo de una manera que refleja mi mapa mental. Vivo a merced de mis ideas en cuanto a cómo son las cosas en realidad. Siempre. Al igual que usted.

●

Comprender nuestras convicciones puede ayudarnos a captar la diferencia subyacente entre las dos personas que repiten el credo apostólico de las que hablamos antes en el capítulo.

¿Qué tal si la conducta de las personas que fueron a la iglesia y repitieron el credo apostólico fuera observada durante un año por un observador que lo sabe todo? ¿Qué tal si entonces estas dos personas se reunieran de nuevo y tuvieran que repetir el «credo» de las creencias y propósitos que en realidad guiaron su conducta? ¿Piensa usted que ese «credo» sería algo diferente al credo apostólico? Esto sería algo que asusta un poco, ¿verdad?

Haga una confesión verdadera: ¿Ha participado en algún

engaño, exageración o distorsión durante el año pasado? Si su respuesta es que no, está siendo partícipe del engaño en este mismo instante. Así que nuestro verdadero «credo» pudiera incluir creencias como estas:

> Creo que mentir es malo, pero puede ser necesario para evitarme el dolor. («Una mentira es una abominación para el Señor y nuestra ayuda segura en momentos de angustia».)
>
> Creo que vale la pena tratar bien a las personas ricas, atractivas, inteligentes, atléticas, exitosas o importantes.
>
> Creo que tengo el derecho a juzgar a otros.
>
> Creo que tengo el derecho a chismear sobre otros.
>
> Creo que es mejor que busque al número uno.
>
> Creo que las cosas no han marchado para mí tan bien como deberían, así que me merezco un pequeño halago: otra rosquilla, otro trago, otra píldora, otra fantasía...
>
> Creo que treinta mil niños que mueren de enfermedades prevenibles todos los días en nuestro mundo no merecen que yo arriesgue mi prosperidad por ellos.

Todas estas convicciones están muy dentro de mí, y usted puede ver que creo en ellas si mira la manera en que vivo.

Nuestra conducta también cuestiona lo que *en realidad* creemos con relación a Dios. Por ejemplo, tenga en cuenta la creencia de que Dios siempre está presente y nos ve. Si su mamá estuviera en el cuarto observándolo, usted evitaría todo tipo de conducta negativa. Usted no diría lo que ella sabe que es una mentira. No leería la revista *Playboy*. Simplemente no lo haría. Un montón de sus pecados se reducirían si su mamá siempre estuviera en el cuarto con usted. Sin embargo, los que afirmamos que creemos que Dios siempre está presente y observando hacemos cosas como estas o más oscuras todo el tiempo. ¿*En realidad* creemos que él nos está viendo? ¿Podemos hacer a un lado tales creencias cuando queremos?

Cuando alguien afirma creer de una manera y sin embargo actúa de otra, le llamamos a esto mala fe. La buena fe significa una congruencia entre lo que decimos creer y la forma en que en realidad vivimos.

Cuando alguien afirma creer de una manera y sin embargo actúa de otra, le llamamos a esto *mala fe*. *La buena fe*, por otro lado, significa una congruencia entre lo que decimos creer y la forma en que en realidad vivimos. Si alguien quiere comprar una casa, la cuota de entrada es un gesto de buena fe. Buena fe quiere decir no engañar a otros (en nuestras convicciones públicas) y no engañarnos a nosotros mismos (en nuestras convicciones privadas). Buena fe quiere decir amar la verdad más de lo que nos amamos a nosotros mismos.

Las convicciones de Jesús

El testimonio de los que afirmaron conocer a Jesús fue que en él había una asombrosa congruencia. Lo que él decía y lo que pensaba estaba en armonía con lo que hacía. Era un hombre de buena fe por excelencia.

También fue un maestro. ¿Qué clase de convicciones piensa usted que Jesús está más interesado en cambiar: las convicciones públicas, privadas o básicas?

Como todo buen maestro, él se interesó más por las convicciones básicas de las personas con relación a la manera en que las cosas en verdad son. Esto es tener fe en el nivel donde en realidad importa.

Sin embargo, solo saber acerca de los diferentes niveles de convicciones no cambia gran cosa. Puedo entender las distinciones, pero ni siquiera puedo imaginarme lo que sería tener el mapa mental de Jesús. Estamos llegando al extremo hondo de la piscina aquí, y yo simplemente sé vadear, así que todo lo que puedo hacer es especular.

He aquí cómo funcionó para los discípulos. Jesús se apareció y vivió con una nueva clase de mapa mental que estaba en perfecto acuerdo con la realidad de Dios, el reino de Dios y la presencia de Dios irrumpiendo justo aquí. Existía una congruencia entre lo que Jesús *dijo*, lo que Jesús *pensaba* y lo que Jesús *hizo*. Él creía que había un Padre celestial que siempre estaba presente a su lado, que siempre lo amaba. Jesús creía eso de la manera en que yo creo en la realidad de la gravedad.

Los discípulos veían a Jesús y pensaban: *Me gusta su vida. Quisiera poder vivir así.* Cuando ellos trataron de hacer las cosas que Jesús les instruyó, hallaron que sus enseñanzas en realidad tenían sentido cuando las ponían en práctica. Perdonar funcionaba mejor que la venganza. La generosidad funcionaba mejor que acaparar. Empezaron a creer estas verdades por sí mismos.

El crecimiento de los discípulos tuvo lugar de la siguiente forma: *Primero tuvieron fe en Jesús; luego empezaron a tener la fe de Jesús*. Sus mapas mentales empezaron a parecerse al mapa mental de Jesús. Por último, después de su crucifixión y resurrección, y de la venida del Espíritu Santo, sus discípulos se dieron cuenta de que Jesús es el Salvador del mundo —que en realidad es la revelación de Dios mismo— y por consiguiente le confiaron también sus destinos eternos. Elton Trueblood escribió estas palabras, y pienso que son una verdad profunda: «La convicción más honda del creyente es que Cristo no se equivocó».

La fe incluye ciertas creencias. La fe incluye una actitud de esperanza y confianza. No obstante, en su misma esencia, la fe significa confiar en una persona.

Sin embargo, a menudo tratamos de lograr que la gente confíe en Jesús para la eternidad –para llevarlos al cielo– sin que primero aprendan a confiar en él en sus vidas diarias. Como un asunto de realidad psicológica, esto simplemente no funciona. Produce personas que *dicen* que confían en Jesús y que a lo mejor incluso *piensan* que creen en Jesús, pero lo que *hacen* muestra que no comparten sus ideas con respecto a la manera en que las cosas son en realidad y la forma en que la vida en efecto funciona. Por consiguiente, no son capaces de vivir como Jesús hubiera vivido en su lugar. Es difícil vivir como Jesús lo hubiera hecho si no compartimos a un nivel básico sus convicciones con relación a la manera en que las cosas en realidad son. Por eso Santiago escribió: «Hermanos míos, ¿de qué le sirve a uno alegar que tiene fe, si no tiene obras? ¿Acaso podrá salvarlo esa fe? ... Pues bien, muéstrame tu fe sin las obras, y yo te mostraré la fe por mis obras» (Santiago 2:14,18).

La fe incluye ciertas creencias. La fe incluye una actitud de esperanza y confianza. No obstante, en su misma esencia, la fe significa confiar en una persona.

Algunos que aducen ser cristianos son egoístas, codiciosos y proclives a juzgar. No me pregunten cómo lo sé. Otros son humildes y generosos. Ambos tal vez *digan* que confían en Jesús. Ambos tal vez *piensen* que confían en Jesús. Pero sus mapas mentales –sus convicciones con relación a la manera en que las cosas en realidad son– están separados como la noche y el día y producen dos tipos diferentes de personas y dos tipos diferentes de almas, aunque afirmen el mismo credo. Pienso que por esto a veces me hallo más atraído hacia alguien que está «fuera de la fe» que hacia otro que se considera un líder de ella.

Digamos que una persona tiene un credo público que es ciento por ciento ortodoxo y convicciones privadas que son ciento por ciento ortodoxas, pero que su mapa mental lo conduce a la avaricia, el egoísmo, la arrogancia y la falta de amor. Así que se mueve en la dirección errada.

Otra persona no se ve muy ortodoxa en su teología; en su interior está lleno de dudas e incertidumbre. Sin embargo, su mapa mental en cuestiones de generosidad, perdón, gracia y amor está diez veces más cerca del mapa mental de Jesús que el de la primera persona. Así que avanza en la dirección correcta.

¿Cuál persona tiene más fe? ¿Cuál es un «creyente»?

Frederick Buechner lo dijo así: «De esta forma muchos ateos son creyentes sin saberlo, tal como muchos creyentes son ateos sin saberlo. Uno puede creer sinceramente que no hay Dios y vivir como si lo hubiera. Uno puede creer sinceramente que hay un Dios y vivir como si no lo hubiera. Así son las cosas».

De modo interesante, Jesús nunca dijo: «Crean en mis argumentos». Él dijo: «Síganme». Jesús mismo tenía su propio tipo de «apuesta pascaliana» en este punto. Al final de su más larga charla registrada, él contó una historia acerca de una empresa constructora, la cual construía casas de manera sabia o necia. Esto siempre me recuerda el cuento de los tres cerditos. Cada uno construye una casa. Cada casa enfrenta una prueba. Las casas construidas con sabiduría sobreviven; las casas construidas con insensatez se derrumban.

He aquí el desafío del relato: Todos somos constructores de casas. Nuestras casas son nuestras vidas, y las construimos con las decisiones que tomamos día tras día. Nos guste o no. Esto no es opcional. Hemos sido lanzados. Tenemos que construir nuestras casas en algún sitio.

Todos enfrentamos tempestades. Todos enfrentamos pruebas y en última instancia la muerte. El gran lobo malo viene a nuestro encuentro. Esto no es opcional.

Debemos escoger cómo construir nuestras vidas. Debemos elegir las convicciones sobre las que construimos. Podemos construir sobre la roca o sobre la paja. Podemos utilizar madera, heno o ladrillo.

El riesgo no desaparece. No podemos saber de antemano cómo resistirá la casa ante la tempestad. Aun así, todos tenemos que construir una casa. Sin embargo, ¿llegaremos alguna vez al hogar?

Cuando se anhela estar en casa

He llegado a darme cuenta, no por mi propio deseo, casi contra mi voluntad, de la existencia de otra vida de mucha, mucha mayor importancia y belleza que esta física.

Hugh Walpole

George Carlin solía establecer ciertas diferencias entre el fútbol estadounidense y el béisbol:

El fútbol se juega en una cancha. El béisbol se juega en un estadio.

Los futbolistas se ponen cascos. Los beisbolistas se ponen gorras.

En el fútbol el experto viene para patear algo. En el béisbol el experto viene para relevar a alguien.

El béisbol tiene el descanso de la séptima entrada. El fútbol tiene la advertencia de los dos minutos.

El béisbol tiene entradas extras. El fútbol tiene muerte súbita.

En el fútbol el corredor le presenta a uno el brazo extendido. En el béisbol el corredor se desliza. *Viva*.

Sin embargo, la mayor diferencia es que en el fútbol el principal objetivo es militar. La batalla se pelea en las trincheras, el general (mariscal de campo) trata de evadir la avalancha y ablandar la línea del enemigo con un estruendoso ataque por tierra y un bombardeo aéreo. A veces usa pases de bala; cuando piensa que resultará, va por una bomba para librarse de las defensas del enemigo y penetrar en la zona final.

En el béisbol, el objetivo es llegar a casa.

Ese punto en particular del campo de béisbol es diferente a todos los otros lugares. Es el lugar donde se empieza el juego. Uno no puede quedarse allí. Tiene que abandonarlo para tratar de llegar a la primera base, luego a la segunda, y por último a la tercera. Uno pensaría que a la siguiente se le llamaría cuarta base. Pero no es así. A esta se le llama «casa». Cuando la dejamos, nos volvemos vulnerables. No obstante, si llegamos de regreso, nadie puede sacarnos.

Uno está seguro en casa.

El autor Joe Kraus nota que el término casa, tanto en el béisbol como en la vida, es sorprendentemente difícil de definir. En la vida real, ¿qué hace de un lugar nuestra «casa»? La casa es el lugar donde uno está seguro. Es el lugar donde empieza nuestra historia. Otros no pueden fastidiarnos allí. Cuando uno está en casa, se siente libre. Puede andar por todas partes en ropa interior, permitir que el perro nos bese en los labios, y servirse una soda para el desayuno, sin que haya nadie que nos critique. (Joe Kraus no vive donde yo vivo, eso es seguro.)

Cuando uno está en casa, está protegido. Incluso la policía no puede entrar en nuestra casa a menos que reciba permiso.

Podemos vivir en un hotel. Sin embargo, la casa, el *hogar*, es el lugar a donde uno pertenece. El hogar es parte de lo que hace que uno sea quien es.

Lleva un montón de vivir en una casa hacerla un hogar,
Un montón de sol y sombra, y a veces uno tiene que vagar
Antes de que en realidad aprecie las cosas que dejó atrás,
Y las añore de alguna manera, con todas ellas en la mente.

Cuando se anhela estar en casa

No estar en casa es invitar a nuestra vida a una enfermedad extraña que llamamos añoranza del hogar: sentimientos de anhelo y deseo, a menudo mezclados con ansiedad y depresión, producidos por la separación del lugar al que pertenecemos. Uno puede alojarse en el Ritz-Carlton y con todo echar de menos una chocita si esta chocita es nuestra casa.

Si hay un Dios, tenemos esperanza de tener un hogar. Si no hay un Dios, somos una raza sin hogar.

El biólogo Stuart Kauffman escribió un libro titulado *At Home in the Universe* [En casa en el universo], en el cual anota que las personas en un tiempo se consideraban a sí mismas como siendo elegidas por Dios, hechas a su imagen, guardando su palabra en una creación producida por su amor hacia nosotros. «Ahora ... nos hallamos en un diminuto planeta, en el borde de una galaxia monótona entre miles de millones como ella ... No somos sino accidentes, se nos dice. El universo ahora parece indiferente por completo. Estamos atareados, pero ya no nos encontramos en casa».

Cuando usted está en casa, pertenece. El hogar es un lugar en el que se le valora. Usted y su casa se bendicen el uno al otro. Si no tuviera una casa, sería un indigente; no pertenecería a ninguna parte.

Por otro lado, si su casa no lo tuviera a usted, simplemente sería otro lugar.

Robert Frost escribió un poema en el que un esposo discute con su esposa en cuanto a si deben recibir a un individuo problemático que conocen, el cual está muriéndose y no tiene adónde ir. La esposa piensa que deben invitarlo; el esposo reconoce que probablemente tendrá que acceder, pero se siente atrapado. Eso los lleva a reflexionar sobre lo que es un hogar en realidad. El esposo dice: «El hogar es ese lugar en donde, cuando uno va allá, tienen que recibirlo». Sin embargo, su esposa discrepa. «Yo diría más bien que el hogar es algo que uno no tiene que merecerse». ¿Es la obligación lo que hace a un hogar, o es la gracia?

No tener techo significa más que buscar un lugar donde dormir por la noche. Es algo devastador para el alma. Quiere decir no pertenecer. Es un ataque a nuestra identidad, a la posibilidad de saber quiénes somos.

Un amigo mío llamado John trabaja con los negociantes callejeros, jóvenes desesperados que se acercan a los treinta años y que comercian su mercancía en las calles de Chicago. Una vez llevó a un muchacho de diecisiete años a su casa para la cena del Día de Acción de Gracias con su familia.

—Nunca he hecho esto antes —le susurró el muchacho tímidamente al oído a John.

—¿Nunca has hecho qué? —preguntó John.

—Nunca he hecho esto de compartir una cena; sentarme a una mesa para comer con una familia. Nunca he hecho esto...

No tener techo significa más que buscar un lugar donde dormir por la noche. Es algo devastador para el alma. Quiere decir no pertenecer. Es un ataque a nuestra identidad, a la posibilidad de saber quiénes somos.

En casa en el universo

¿Se sienten los seres humanos en casa en el universo? ¿Estamos aquí por invitación o por accidente? ¿Somos de la familia o intrusos extraños con una base de carbono? ¿Añoramos nuestro hogar porque no tenemos uno o estamos lejos de él?

Algunos piensan que todo lo que por siempre podremos saber en cuanto a nuestro mundo es lo que aprendemos por medio de la ciencia, y que si confiamos en la ciencia, tendremos que abandonar nuestra fe. Mucho de lo que se escribe acerca del conflicto entre la fe y la ciencia en nuestros días se basa en malos entendidos. Por ejemplo, a veces algunos piensan que si uno toma Génesis en serio, no puede creer en la Gran Explosión o en un proceso de selección natural. El periodista A. J. Jacobs escribe de su lucha para creer en Dios si eso significa creer —con los creacionistas de los seis días literales— que el mundo tiene apenas unos años más que Gene Hackman. Sin embargo, esto significa entender mal Génesis, que no fue escrito con una agenda de ciencia del siglo veintiuno en mente. Para considerar un ejemplo, en el relato de Génesis el sol no aparece sino hasta el cuarto día. Incluso en épocas antiguas la gente se daba suficiente cuenta de que el sol jugaba un papel crucial en la luz del día. El propósito del escritor no fue hablar acerca de cuándo el sol apareció. En la fecha en que se escribió Génesis, al sol se le adoraba ampliamente. Así que el escritor quería asegurarse de que las personas supieran que no deben adorar al sol, pues este fue creado como todo lo demás. Las personas de la antigüedad por lo general entendieron esto con relación a la Biblia.

Hace más de mil quinientos años, Agustín escribió un libro fascinante titulado *El significado literal de Génesis*. En ese libro él dice:

> A menudo el no creyente sabe algo de la tierra, los cielos, los movimientos y las órbitas de las estrellas, y este conocimiento lo sostiene con certidumbre por medio de la razón y la experiencia. Es por lo tanto ofensivo y vergonzoso para el no creyente oír al creyente decir tonterías en cuanto a esas cosas, aduciendo que lo que él está diciendo se basa en las Escrituras. Todos debemos hacer lo posible para evitar tal bochorno, el cual la gente ve como ignorancia en los cristianos y de lo que se ríen con burla.

El autor de Génesis no estaba escribiendo un libro de ciencia de los días modernos. Él quería expresar que el universo es bueno y fue creado para ser nuestra casa; que hemos caído y que la casa está hecha un caos; que se requerirá de Dios para enderezarla de nuevo.

Cuestiones más hondas están en juego. Richard Swinbourne, teólogo de Oxford, escribe: «Es extraordinario que exista algo después de todo. Con certeza el estado más natural de las cosas es simplemente la nada: ni universo, ni Dios, nada. No obstante, hay algo». Nociones como la «Gran Explosión» y la selección natural y la evolución explican cómo el mecanismo de cambio puede tener lugar, pero no revelan cómo la existencia brota de la nada. El viejo de la maravillosa novela *Gilead* de Marilynne Robinson medita: «La existencia me parece ahora lo más asombroso que jamás se pudiera haber imaginado».

El truco está en cómo se pasa de la nada a algo. ¿Y por qué hay algo? Todos queremos saberlo.

El truco real no es transformar una cosa en otra. El truco real es crear algo de absolutamente nada.

Un grupo de científicos decidió que los seres humanos habían avanzado un gran camino y ya no necesitaban a Dios. Así que seleccionaron a un científico para que fuera y le dijera a Dios que ya no lo necesitaban. El científico fue a verlo y le dijo:

—Dios, ahora podemos valernos por nosotros mismos. Sabemos cómo empezó la vida. Sabemos el secreto. Sabemos cómo clonarla. Sabemos cómo duplicarla. Podemos valernos sin ti.

Dios escuchó con paciencia y luego dijo:

—Está bien. ¿Qué tal un concurso para hacer a un hombre?

—De acuerdo. Fabuloso. Lo haremos —contestó el científico.

—Ahora bien, vamos a hacerlo de la manera en que lo hice tiempos atrás en la antigüedad con Adán —añadió Dios.

—Seguro, no hay problema —dijo el científico estirando la mano y agarrando un puñado de tierra.

—No, no, no —indicó Dios—. Ustedes tienen que hacer su propia tierra.

Ese es el truco.

Hablar de algo que se transforma en otra cosa y de cuánto tiempo se necesita para que algo cambie en otra cosa no es lo que clama más por una explicación. El truco está en cómo se pasa de la nada a algo. ¿Y por qué hay algo? Todos queremos saberlo.

Una falta de techo cósmica

Si no hay Dios, no hay casa. Y el universo es una máquina ciega y digna de lástima. Los seres humanos aparecieron aquí por accidente. Tenemos mente, conciencia, deseos y esperanzas, pero las fuerzas del universo un día los aplastarán, y a nosotros con ellos. No pertenecemos a este lugar. La Biblia, por otro lado, indica que amamos tanto a esta tierra porque Dios la creó para que fuera nuestro hogar.

El primer hogar fue llamado el jardín del Edén. La historia de la caída es, entre otras cosas, una reflexión de nuestra añoranza por el hogar.

Dios les dijo a los seres humanos que ejercieran su dominio sobre la tierra. Eso significa que la misma constituye nuestra casa, pero que en realidad es una dádiva. Las escrituras están a nombre de Dios. Se supone que nosotros tenemos que cuidarla. Richard Foster escribe: «Plantamos coníferas y hacemos abono de la basura, limpiamos un cuarto y ponemos portavasos debajo de nuestros vasos y copas, y de estas maneras ayudamos a tener limpio el Edén».

Debido a que nuestra casa está tan relacionada con nuestra identidad, nos apegamos profundamente a ella. Nuestros hijos vivieron la mayor parte de su niñez en Eisenhower Circle, en un suburbio de Chicago, en una casa blanca de dos pisos con contraventanas rojas que estaba construida sobre un terreno en forma de cuña con un gran patio atrás. Los criamos allí y los vimos ir a pie a la escuela, reunirse con sus amigos, dormir en el sótano, salir a sus primeras citas, practicar el piano y hacer un caos de la cocina aprendiendo a cocinar.

Cuando vendimos el lugar, enviaron nuestros muebles al otro lado del país una semana antes de que nosotros viajáramos, así que nos quedamos con unos amigos durante nuestra semana final en Illinois. Nuestra máquina contestadora se encontraba todavía en la casa, por lo que Nancy me pidió que fuera a recogerla una noche después del trabajo.

No estaba preparado para la emoción que me golpeó cuando recorrí esa casa vacía. Pensé que nuestros hijos habían crecido allí, en cómo cuando yo ya me hubiera ido y ellos fueran mayores, todavía recordarían esta casa como el hogar de su niñez. Recorrí cada cuarto hablándole. «Fuiste una buena casa vieja», le dije. «Fuiste buena con mis hijos. Me alegro de que fueras mi hogar. Habrá otras casas para mí, lo sé, pero ninguna significará tanto como tú».

¿Cómo iba a saber yo que un agente de bienes raíces estaba en uno de los dormitorios?

La guerra de los mundos

Hemos aprendido innumerables volúmenes en cuanto a la naturaleza física de nuestro universo, pero hemos perdido la confianza en que su propósito era ser nuestra casa. «Érase una vez en que el universo tenía significado». Así empieza un excelente libro llamado *Medieval Views of the Cosmos* [Nociones medioevales del cosmos]. Nuestro problema desde entonces no es que la ciencia nos haya enseñado mucho. No es que la ciencia nos haya enseñado que nuestro mundo no tiene significado. Nuestro problema es que hemos decidido que lo que la ciencia no puede contestar no tiene contestación alguna. La ciencia puede decirnos cómo se construye una casa, pero no puede decirnos lo que convierte a una casa en un hogar.

Ahora tenemos dos mundos separados. El mundo interior de las *personas*: los pensamientos, las esperanzas, las aflicciones y las convicciones internas, y el mundo externo de los *objetos*: los quarks, los gérmenes y las galaxias fuera de nosotros. Ellos parecen estar en contraposición el uno con el otro. E irónicamente es del mundo de las personas —la única realidad a la que tenemos acceso directo— del que ya no estamos seguros.

Los hogares significan protección para nosotros, no obstante, las cosas malas suceden incluso en nuestras casas. Sigmund Freud escribió acerca de nuestra experiencia de lo que él llama lo inexplicable, eso que es a la vez familiar y sin embargo aterrador. Lo inexplicable nos asusta porque casi —aunque no por completo— trae a la mente lo que hemos reprimido. La casa embrujada es una de las especies más vívidas de lo inexplicable. La palabra alemana para inexplicable es *unheimlich*, que significa literalmente «sin parecido a una casa».

El mundo fue hecho para ser nuestro hogar, pero no lo es. El mismo anda mal. Sin embargo, tal vez este sentido de «no estar en casa» en mi mundo me dice algo en cuanto a mí.

La añoranza del hogar es un indicio de nuestra condición

No estoy en casa.

Huimos de nuestras casas. Una vez me trataron mal —no recuerdo cómo, pero estoy seguro de que fue algo malo— y les dije a mis padres que me iba. Empaqué mi pequeña maleta y le dije a mi madre que llamara a mi abuelo; luego me senté afuera en la vereda, esperando que él me recogiera.

Una hora más tarde mi mamá salió.

—No va a venir, lo sabes —dijo.

—¿Por qué no? —pregunté.

—Pues bien, por un lado, porque él ya ha criado a su familia. Por otro lado, tú no eres su hijo. Eres nuestro hijo. Y por otra parte, tienes diecisiete años. Tienes demasiada edad como para fugarte de casa.

Nuestro problema no es que la ciencia nos haya enseñado que nuestro mundo no tiene significado. Nuestro problema es que hemos decidido que lo que la ciencia no puede contestar no tiene contestación alguna.

Sin embargo, uno nunca es demasiado viejo para huir de casa. La historia más famosa de Jesús trata de un hijo que huye de casa. Primero, el hijo duda de que quiera estar en casa. Luego duda de que en su hogar lo reciban de nuevo.

«El hogar es ese lugar en donde, cuando uno va allá, tienen que recibirlo».

«Yo diría más bien que el hogar es algo que uno no tiene que merecerse».

Jesús estaba diciendo que la historia de la raza humana es la historia de un fugitivo del hogar. Y de un padre que sigue esperando que su hijo vuelva a casa.

¿Alguna vez se ha preguntado a qué Dios le llama casa? Los griegos escribieron de dioses antropomórficos que vivían, luchaban y amaban en el Olimpo. Y los dioses nórdicos solían tener borracheras en los salones del Valhala.

Lucrecio, un filósofo romano, pensaba que tales ideas carecían de dignidad, y que los verdaderos dioses eran seres serenos que vivían en «habitaciones tranquilas, nunca perturbados por las tormentas ... Todo lo que querían lo suplía la naturaleza, y nada en ningún momento perturbaba su paz mental». Ellos son «ideales del contentamiento y la serenidad que por definición no pueden fastidiarse con los seres humanos y sus insignificantes problemas». Debemos, según pensaba Lucrecio, emularlos. Sin embargo, no podemos contactarlos, no podemos visitar su casa, pues no se les puede molestar. En sus días a Lucrecio se le consideraba ateo porque, aunque no negaba la existencia de un dios, negaba la posibilidad de contactar a alguno.

Jesús tenía una idea diferente. Él dijo: «El que me ama, obedecerá mi palabra, y mi Padre lo amará, y haremos nuestra vivienda en él» (Juan 14:23).

Tengo un amigo llamado Max que tiene más de ochenta años y ha estado casado con su esposa, Esther, durante seis décadas. Pudieran vivir en cualquier parte, pero residen en Michigan. Indagué por qué. Él me dijo que a Esther le gusta Michigan. Le pregunté: «Pero, ¿qué hay de ti, Max?»

Me dijo: «Hace ya mucho que decidí que mi casa está donde está Esther».

El hogar para Max no es tanto un lugar como una persona.

Tal vez no hay Dios. Entonces el universo no es un hogar, sino solo un accidente. Tal vez hay un Dios, pero vive en habitaciones tranquilas, imperturbable ante los problemas insignificantes de los humanos. O tal vez Dios puede hacerse a sí mismo tan pequeño y vulnerable como para tomar residencia en un corazón humano... y quebrantarse cuando este se quebranta. Tal vez nuestra casa está donde está Dios. Y tal vez pasará un tiempo antes de que nos sintamos en casa.

Pregúntele a cualquiera que ha vivido en la misma casa por largo tiempo si hay algo que anda mal en ella. Todos tenemos una lista de reparaciones para nuestra casa que algún día haremos. Al principio nos fastidiaban intensamente. Después de un tiempo, lo que cambia no es que hemos reparado las fallas; simplemente nos acostumbramos a ellas.

En nuestra casa en Eisenhower Circle teníamos un perro llamado Chestnut que solía comerse los muebles. No quiero decir que los mordisqueaba. No quiero dar a entender que dejaba las huellas de sus dientes en ellos. Cuando digo que se comía los muebles, quiero decir que se los comía. Teníamos un sofá con una otomana de la cual se había comido la cubierta entera, junto con la mitad del relleno de espuma plástica.

Yo ni siquiera lo notaba.

De vez en cuando teníamos un invitado y mi esposa me dirigía una de esas miradas: «¿Cuántas veces te he pedido que hagas algo con respecto a esto?» Nuestra casa necesitaba una restauración, necesitaba que se le reparara de modo que estuviera en buenas condiciones para habitarla.

Lo mismo sucede con mi corazón. Ni siquiera lo noto, pero Dios sí lo nota.

No estamos en casa.

Llegando a casa...

El maestro bíblico Ray Vander Laan nota que podemos aprender mucho de las enseñanzas de Jesús cuando entendemos la vida hogareña en el Cercano Oriente antiguo. Muchos vivían en lo que se llama una *ínsula*, la cual estaba diseñada al estilo de un rancho y organizada alrededor de un patio común. Una casa como esa tendía a albergar a múltiples generaciones a la vez si uno tenía la suerte de vivir lo suficiente.

Cuando un hijo se comprometía, por lo general la nueva pareja no salía a buscar casa. La familia del padre simplemente añadía otro cuarto a la ínsula, y la nueva pareja se mudaba hacia allí.

A menudo en las historias de bodas Jesús hablaba de los anuncios que se hacían a la gente de que la hora de la boda había llegado. Esto se debía a que las fechas se arreglaban de una manera algo diferente en esos días. Hoy las parejas seleccionan una fecha para la boda con mucha antelación en el calendario. Sin embargo, en ese entonces una pareja se comprometía, pero incluso ellos no sabían la fecha exacta de la boda. Tendrían que esperar mientras el programa de construcción se ponía en marcha. El padre simplemente le añadía otro cuarto a la casa. Cuando el padre decía que el cuarto estaba listo, se lo decía al hijo, y el hijo le anunciaba a su prometida que la habitación estaba preparada. Entonces se hacían los anuncios.

Los escritores de la Biblia a veces usan imágenes de la vida hogareña para describir nuestro lugar en el universo. Una de las más penetrantes incluye la idea de que la iglesia —las personas como usted y como yo— es la esposa y Jesús es el esposo.

Anhelamos estar en casa porque sabemos que todavía no estamos allí por completo. Por eso las Escrituras dicen que no debemos permitir que nuestras almas se involucren tanto en lo que llama «el mundo». El escritor de Hebreos dice que los héroes de la fe sabían esto. Ellos no estimaban ningún lugar como su casa. Se consideraban extraños y peregrinos (11:13). No obstante, esto no se debía a que pensaran de sí mismos como personas sin techo. La casa estaba en otro lugar.

Jesús dijo: «No se angustien. Confíen en Dios, y confíen también en mí. En el hogar de mi Padre hay muchas viviendas; si no fuera así, ya se lo habría dicho a ustedes. Voy a prepararles un lugar» (Juan 14:1-2).

De vez en cuando podemos vislumbrar cómo será nuestra casa. Esos son los momentos en los que nace la fe.

5

El salto

La fe es un puente que uno no sabe si lo va a sostener sobre el abismo hasta que se ve obligado a cruzarlo.
NICHOLAS WOLTERSTORFF

Las montañas siempre han sido lugares de Dios. Una montaña, si uno lo piensa, es donde el cielo y la tierra se acercan más. Y hay algo trascendente en cuanto a una montaña. Una montaña es un lugar de visión. En los tiempos antiguos lo remoto e inaccesible de los montes les daba un aura de misterio y poder. Todavía hoy producen un sentido de asombro y maravilla, haciendo pensar que hay una realidad más alta. Somos escaladores de montañas. Somos buscadores de montañas.

La altura siempre sugiere trascendencia, poder y visión. Veneramos las alturas. En el mundo antiguo, los altares por lo general se construían en «lugares altos», en los que los sumos sacerdotes ofrecían sacrificios. Incluso hoy hablamos de altos ideales y altos logros, y de políticos que se postulan para altos cargos. Los más altos en estatura en realidad ganan salarios más altos que los de menor estatura. Cuando alguien se pone pretencioso, le decimos que se deje de altanería. Usamos drogas para que nos den un sentido de trascendencia temporal, les damos nombres como «éxtasis», y decimos que nos «elevan». Cuando nos convertimos en adictos, buscamos la ayuda de un poder más alto.

Las grandes alturas nos inspiran, pero también nos hacen sentir humildes. Nos hablan de nuestra propia pequeñez. Por mucho que tratemos, los seres humanos son incapaces de abstenerse de adorar. «La única condición esencial de la existencia humana es que el hombre siempre debe poder postrarse ante algo infinitamente grande».

Cuando un súbdito se presenta ante un rey, se arrodilla. De esta forma reconoce que está en la presencia de su amo. Cuando un creyente —de cualquier religión— ora a su dios, se arrodilla. Así reconoce que está en la presencia de su señor. Cuando un joven le pide a una mujer que se case con él, se arrodilla. Está reconociendo que está en la presencia de su dueña.

Uno de los nombres más importantes de Dios, que en la Biblia se usa como cincuenta veces, es «Altísimo». Todas las señales de trascendencia apuntan hacia él. Está sobre todo. En él venimos a la montaña que no se puede conquistar o medir.

A veces llegamos a la cumbre. Y es en la cumbre donde vemos.

Donde nace la fe

Una experiencia en la cumbre equivale a ese momento cuando uno de repente se halla capaz de creer. Es capaz de ver. Oye una charla inspiradora. Contempla el nacimiento de un niño. Recibe una respuesta a la oración. A veces es la belleza lo que perfora el corazón —una serie de notas en una canción, una frase en un libro— y uno sabe que Dios está allí. La fe nace.

El filósofo Alvin Plantinga dice que tenemos un tipo de facultad especial, un *sensus divinitatis*, que es disparado por «la belleza maravillosa e impresionante del cielo nocturno; el estruendo y rugido eterno del oleaje que resuena muy dentro de nosotros; la grandeza majestuosa de las montañas», incluso «la conciencia de la culpabilidad». Tal como los murciélagos tienen radar y los perros pueden oír silbatos para perros, los seres humanos tenemos momentos cuando está claro para nosotros que «las cosas no son lo que parecen». «He visto cosas», le dijo Tomás de Aquino a un amigo, «que hacen que todos mis escritos parezcan paja».

> *Una experiencia en la cumbre equivale a ese momento cuando uno de repente se halla capaz de creer. Uno sabe que Dios está allí. La fe nace.*

Esos momentos pueden ser tan sencillos como ver una flor y hallarnos a nosotros mismos creyendo que fue diseñada por Dios. Pueden ser misteriosos. Pueden estar más allá de nuestro poder para explicarlos o describirlos. Puede tratarse del tipo de éxtasis que algunos tratan de alcanzar usando drogas. Hay relatos de místicos que oran durante horas como si fueran minutos; ven visiones, sueñan sueños.

Cuando el filósofo y matemático francés Blas Pascal murió, se halló un pedazo de papel cosido en una de sus chaquetas. Lo había escrito nueve años antes, el lunes 23 de noviembre de 1654. Antes de eso él había sido en extremo exitoso y profundamente desdichado. Ese lunes por la noche él encontró a Dios.

La gente sabía que Pascal había cambiado. Un día había estado ahogándose en medio de la confusión; al siguiente estaba libre de ella. Un día se sentía desdichado con su vida, disgustado con el mundo y consigo mismo, y entonces hubo un cambio en su alma. Mi propio indicador favorito fue que él empezó a hacer su propia cama. Empezó a apoyarse cada vez menos en sus criados. Más bien llegó a convertirse en uno de ellos.

No obstante, Pascal nunca le dijo a nadie acerca de su «noche de fuego», ni media palabra. Nadie jamás lo hubiera sabido, excepto porque después que Pascal murió, su sobrino y un criado estaban clasificando la ropa de Pascal cuando el criado halló lo que pensó que era un relleno adicional. Resultó ser un pedazo de pergamino arrugado con un descolorido trozo de papel. Pascal lo había cosido a su ropa para poder llevarlo cerca de su corazón. Estas fueron las palabras que escribió:

Fuego.

DIOS de Abraham, DIOS de Isaac, DIOS de Jacob.

No el Dios de los filósofos y los entendidos.

Certeza. Certeza. Sentimiento. Gozo. Paz.

DIOS de Jesucristo ...

Me olvido del mundo y de todo, excepto DIOS.

Grandeza del alma humana.

Gozo, gozo, gozo, lágrimas de gozo ...

A menudo nuestros momentos cumbres están conectados con nuestros valles más hondos. Un día cuando estábamos en el tercer año de la universidad, mi amigo Chuck se despertó y simplemente sabía que Dios no existía. Al parecer no había razón para que eso sucediera. No lo atormentaba la duda. Más bien estaba preocupado por la certeza. De repente para él era claro que Dios no existía. Chuck había sido creyente por muchos años; oraba, leía la Biblia, asistió a una escuela evangélica, salió con una muchacha cristiana. Sin embargo, una noche supo que Dios no existía tal como sabía que no existía el conejo de la Pascua. Unos pocos fuimos a su habitación para hablarle; era como si alguien se hubiera muerto. Porque para él, a esas horas, alguien había muerto.

Elevó una oración de desesperación: «Dios, si estás ahí, necesito que hagas algo. Necesito recibir una llamada de mi madre». Y aunque esto suena como la escena de una película, unos pocos minutos después, de manera sorpresiva, su madre llamó. Y Chuck pudo creer de nuevo. No sin dudas, pero sí con esperanza.

Mi primer consejero en la facultad de estudios avanzados fue un psicólogo llamado Lee Edward Travis. El Dr. Travis era una leyenda; escribió el libro de texto definitivo sobre patología del habla, introdujo en los Estados Unidos de América la investigación del electroencefalograma, y se le contaba entre los trece psicólogos más influyentes del país a mediados del siglo veinte.

Cuando tenía casi sesenta y cinco años entró a una iglesia por primera vez en cuarenta años. Mientras estaba sentado en la banca, tuvo una experiencia indudable de la presencia de Dios. Con visiones, voces, una certeza de la presencia y el cuidado de Dios... cosas contra las que él había vacunado a todos los demás. Esto trastornó en serio su vida profesional. Las esferas superiores de la Asociación Estadounidense de Psicología (APA, por sus siglas en inglés) no eran un terreno propicio para el evangelicalismo. Él pasó los próximos veinticinco años fundando y dirigiendo el primer programa doctoral cristiano de psicología clínica que sería acreditado por la APA. Nunca tuvo ningún otro encuentro como ese primero.

Mi bisabuelo, Robert Bennett Hall, perdió a su mamá y a su papá cuando era infante y creció en un orfanato. Aborrecía el orfanato y huyó cuando apenas era un adolescente. Un tendero le dio alojamiento, permitiéndole vivir con él a cambio de trabajar en su tienda. Más tarde se casó con la hija del tendero, y un día se encontraba barriendo el almacén cuando recibió «el llamado». Dejó la escoba, dobló el delantal, y pasó los siguientes sesenta años predicando en iglesias pequeñas por todo Illinois e Indiana. Mi primo conserva el viejo libro de anotaciones de mi bisabuelo: a menudo le pagaban por predicar con huevos o gallinas o, de vez en cuando, cinco dólares.

Nos atrae la montaña. Es sugestivo que nunca haya existido una sociedad que empezara con una cultura atea y naturalista. Los seres humanos siempre han empezado con una historia. Siempre han empezado con la fe. La duda siempre viene después.

Cuando se deja la montaña

No obstante, la duda siempre viene. Esta es la triste verdad en cuanto a la cumbre: a nadie se le permite quedarse allí permanentemente. Todos tienen que volver al valle de la ambigüedad.

Esto significa que podemos esperar que nuestro sentimiento de certeza con relación a nuestras creencias disminuirá y se reducirá. A veces la duda vendrá. Sin embargo, y esto es lo importante, las dudas no siempre vienen debido a que se nos ha proporcionado una nueva evidencia en contra de nuestra fe. Una de las más grandes ilusiones que tenemos con respecto a nuestras mentes es que por lo general las gobierna la razón. Pero nuestras mentes no son máquinas lógicas. Lo que nos parece cierto en un momento puede cambiar de modo drástico al siguiente.

Hace varios años, cuando vivía en el sur de California, tenía un amigo al que le gustaba volar en ala delta. Él me llevó a una montaña para que lo viera. Me dijo que cuando estuviéramos en lo alto de la montaña me daría un regalo. Al llegar arriba, todo era hermoso. Cuando uno está en un monte, la vista es escénica e inspiradora.

Otras personas también se lanzaban para volar en esos aparatos deslizadores desde esa misma montaña. Era un punto popular. Una vez que llegamos, algunos se nos acercaron y nos dieron una breve conferencia en cuanto a la seguridad y nos mostraron el equipo. Nos demostraron lo fuerte que son los arreos y explicaron la aerodinámica de volar en ala delta. Hablaron de cómo las probabilidades de muerte debido a los vuelos en estos deslizadores son como de una en mil. Nos dieron esta conferencia mientras estábamos en el lote de estacionamiento... en la seguridad. Yo creí lo que dijeron. Tenía sentido. Y entonces mi amigo dijo: «Está bien, este es el regalo que te voy a dar ahora. Hoy vas a volar en ala delta conmigo. Hoy vas a saltar de esta montaña».

Una de las más grandes ilusiones que tenemos con respecto a nuestras mentes es que por lo general las gobierna la razón. Pero nuestras mentes no son máquinas lógicas. Lo que nos parece cierto en un momento puede cambiar de modo drástico al siguiente.

Me dirigí al borde del precipicio y me quedé parado allí. ¿Qué piensa usted que le sucedió a mi sentimiento de certeza mientras pasaba de la zona de seguridad al borde del precipicio? ¿Piensa que mi sentido de certidumbre y seguridad aumentó o disminuyó? Disminuyó en gran medida. De súbito mi mente se llenó de dudas. ¿Qué tal si las hebillas se desabrochaban? ¿Qué tal si las alas fallaban? ¿Qué tal si me atrapaba un feroz torbellino? ¿Qué tal si me atacaba algún ave gigante? Vi mi cuerpo destrozado contra la tierra. Me imaginé a mis hijos sin padre. Vi a Nancy sin esposo... saliendo con otros hombres... hombres ricos y atractivos que yo no aprobaba.

Objetivamente nada había cambiado desde el lote de estacionamiento hasta el borde del precipicio. Yo no había recibido ninguna nueva evidencia que me inclinara de manera intelectual a pensar que volar en ala delta era menos seguro. No tenía ninguna nueva información, sin embargo, mi mente de súbito se inundó con la duda. Eso es lo que a menudo sucede cuando me muevo de la seguridad hasta el borde.

Tenía que tomar una decisión. No podemos saltar «parcialmente» de una montaña. O bien uno salta o se queda quieto. A esto a veces se le llama «el salto de fe». Si usted quiere volar, si en algún momento quiere remontarse, tiene que dar ese salto. La mente puede albergar toda clase de temores y dudas que corren por ella, pero si uno quiere volar, tiene que dar el salto. Y lo hice. Fue fabuloso. Nunca lo he vuelto a hacer, pero fue una buena experiencia.

La idea de un salto de fe (término que a menudo se asocia con el filósofo danés Søren Kierkegaard, que no fue solo una mente brillante, sino también escandinavo) con frecuencia se ha entendido mal. Tal cosa no quiere decir escoger creer algo imposible sin ninguna buena razón. Algunos hablan al respecto como si fuera un «salto» en el que se ignora la evidencia, se abandona la razón y se abraza la fantasía. No obstante, *saltar* fue el término que empleó Kierkegaard para definir una acción genuinamente libre. Cualquier compromiso escogido con libertad es un salto, tal como la decisión de casarse o de tener hijos. Pasar de la inocencia al pecado también es un salto.

El salto de fe es un «salto» porque incluye una consagración total. Se puede hacer por buenas razones... razones que hemos considerado con todo cuidado. Sin embargo, aun así es un salto, porque tenemos que comprometernos a pesar de nuestros temores y dudas, ya que no hay otra manera de remontarse, ninguna otra manera de volar.

Ciertas decisiones fundamentales en la vida requieren una entrega del ciento por ciento, un compromiso apasionado. Kierkegaard hablaba de la fe como una «pasión». Ciertas decisiones requieren una entrega intensa... por ejemplo, vivir según ciertos valores, casarse, criar a un hijo (no hay garantías de que el hijo no le partirá a uno el corazón), tener un amigo, seguir a Dios. Y algunas decisiones, por lo general las más importantes, requieren una entrega total pero no ofrecen ninguna garantía.

Si salto, si confío,
no sé con certeza lo que
va a suceder.

Lo que sí sé es esto:
si no salto, si no confío,
si no espero,
si no pregunto,
nunca me elevaré.

Mortimer Adler fue uno de los grandes filósofos del siglo veinte. Durante muchas décadas estuvo convencido mediante argumentos filosóficos —por ejemplo, el argumento del diseño— de que debe haber un Dios. Creía que tales argumentos mostraban que debe existir una fuerza poderosa, inteligente y personal detrás de la creación.

No obstante, no adoraba a este ser, porque creía que estos argumentos filosóficos no podrían demostrar que el mismo era *bueno* y se interesaba en él. Creía en un dios como creía en la capa de ozono.

Entonces un día, cuando ya era viejo, se encontró yaciendo enfermo en una cama de hospital. Un amigo vino para orar por él, y mientras su amigo estaba orando, Mortimer Adler se dio cuenta de que las lágrimas le corrían por las mejillas y se halló a sí mismo orando también. Él sabía solo una oración: el Padre Nuestro. Y se descubrió a sí mismo elevándola día tras día... y *creyendo*.

Dijo que el salto de fe para él no significó «saltar a conclusiones» basado en una evidencia insuficiente. Fue un salto del asentimiento a la devoción. «El dios de los filósofos no es un dios al que se debe amar, adorar y orar. Un dios que no se preocupa por el destino humano al ser un dios que da la ley y la gracia, este es el dios de los deístas filosóficos e irreligiosos», y no el Dios de la Biblia que se revela a sí mismo.

Si salto, si confío, no sé con certeza lo que va a suceder.

Lo que sí sé es esto: si no salto, si no confío, si no espero, si no pregunto, nunca me elevaré. Nunca sabré. Viviré, envejeceré y moriré permaneciendo al lado de ese precipicio.

La vida abajo de la montaña

En Ezequiel 28 el profeta dice que el jardín del Edén estaba en una montaña. La caída significó dejar el Edén, lo que quería decir dejar la montaña. Sin embargo, Dios todavía le continuaría dando a las personas momentos en la cumbre de una montaña. Él se encontró con Abraham en el monte Moria. Le habló a Moisés desde una zarza que ardía en el monte Horeb. «Cuando Moisés descendió del monte Sinaí ... no sabía que, por haberle hablado el SEÑOR, de su rostro salía un haz de luz. Al ver Aarón y todos los israelitas el rostro resplandeciente de

Moisés, tuvieron miedo de acercársele» (Éxodo 34:29-30). Dios le habló a Elías en un «un suave murmullo» en una montaña. No obstante, después de hallar a Dios allí, las personas siempre tenían que dejar la montaña y enfrentar la vida abajo.

Jesús a menudo se iba al monte a orar, para estar con su Padre. Así que Pedro, Jacobo y Juan en realidad no se sorprendieron cuando Jesús los llevó consigo un día a la cumbre de un monte. A esa montaña a veces se le llama el Monte de la Transfiguración, y es un lugar decisivo en la historia de Jesús en el Nuevo Testamento. En el relato de Marcos, él deliberadamente se hace eco de lo que sucedió en el monte Sinaí: esta vez es Jesús el que se vuelve radiante.

Pedro logra ver a Jesús transformado en la cumbre del monte. Responde sugiriendo que se queden en la montaña y, en un comentario que evidencia una asombrosa incomprensión, sugiere que construyan albergues para Jesús, Elías y Moisés, porque «no sabía qué decir» (Marcos 9:6).

Por supuesto, cuando uno no sabe qué decir, una opción es no decir nada, pero es evidente que esto no se le ocurrió a Pedro. Y aunque tuvo esta experiencia en la cumbre del monte, tal cosa no evitó que negara a Jesús abiertamente cuando la presión aumentó.

¿Por qué no podemos quedarnos siempre en la montaña? Una niña de nueve años llamada Rosy me preguntó: «Si Dios nos ama tanto, ¿por qué no nos hace felices todo el tiempo?»

No lo sé. Tal vez sea porque, por importante que parezca la felicidad, hay otras cosas que deben suceder, como llegar a ser buenos, de modo que la felicidad no se convierta en el tipo errado de «dios». Tal vez si paso demasiado tiempo en la montaña, corro el peligro de adorar a la montaña en donde encuentro a Dios en lugar de adorar a Dios mismo. Simplemente querré la experiencia, la sensación, el vuelo.

Philip Yancey nota que hay algo impredecible en la fe. Nueve veces en los Evangelios Jesús les dice a las personas: «Tu fe te ha sanado». Sin embargo, a menudo elogia la fe en personas improbables. Es más, a menudo son los extranjeros los que muestran una mayor fe. Un centurión romano le dice a Jesús que ni siquiera tiene que ir a su casa para realizar una sanidad; cree que todo lo que Jesús tiene que hacer es decir una palabra y así sucederá. Jesús se asombra: «Les aseguro que no he encontrado en Israel a nadie que tenga tanta fe» (Mateo 8:10). Una mujer cananea hostiga a Jesús para que ayude a su hija mientras él está en un retiro. Parece que el Señor la hace a un lado, recordándole que había sido enviado a las ovejas perdidas de Israel y no a los «perros» gentiles. No obstante, la mujer persiste en este extraño tira y afloja hasta que Jesús cede o tal vez permite que se revele en ella lo que él ya sabía que estaba allí todo el tiempo, exclamando: «¡Mujer, qué grande es tu fe!» (Mateo 15:28). ¿Por qué la fe a menudo parece prosperar donde menos se espera? ¿Por qué el sufrimiento y la persecución, que se proponen destruir la fe, tan a menudo más bien la fortalecen?

> *Si paso demasiado tiempo en la montaña, corro el peligro de adorar a la montaña en donde encuentro a Dios en lugar de adorar a Dios mismo. Simplemente querré la experiencia, la sensación, el vuelo.*

«El cristianismo es como un clavo», se quejaba Yemelian Yaroslavsky, presidente de la Liga Stalin de los Militantes sin Dios. «Mientras más duro lo golpea uno, más hondo se clava».

Lo que sé es que Jesús siempre dice lo mismo: «Es tiempo de dejar la montaña. Es tiempo de descender».

El valle del «si»

Jesús le dijo a Pedro, Jacobo y Juan: «El Hijo del hombre tiene que sufrir mucho y ser rechazado» (Marcos 9:12), y (en palabras más o menos como estas) «Ustedes tendrán que recorrer esto conmigo. Tendrán que atravesar la confusión y la duda; tendrán que hacer preguntas y luchar. Va a haber una crucifixión. Luego habrá una resurrección, y del otro lado, el día vendrá cuando ustedes van a tener que remontarse, pero no todavía. No hoy. Hoy tienen que confiar en mí. Vamos a tener que descender de este monte».

Así que bajan, y las cosas no marchan bien allá abajo. Encuentran a un padre que desesperado pide ayuda. Su hijo es atormentado por un demonio, y sufre de convulsiones y una conducta autodestructiva. Está buscando a Jesús, y algunos de sus discípulos le dicen que Jesús está arriba en la montaña. Él pregunta: «¿Pueden ustedes ayudarme? Esto está matando a mi hijo». Los discípulos dicen: «Está bien». Han observado a Jesús orar. Le han observado sanar y librar. Ellos dicen las mismas cosas que Jesús ha dicho, pero esta vez las palabras no sirven... no impactan... no funcionan.

Una multitud de personas está observando. Algunos son dirigentes religiosos que no creen en Jesús ni le siguen. Observan a los discípulos fracasar y dicen cosas como: «Al parecer este asunto de Jesús no es tan inquietante». Los discípulos se avergüenzan por su fracaso público. En vez de atender al hombre y su hijo, se enredan en una gran discusión religiosa y se ponen a la defensiva: «¡Ustedes están equivocados y nosotros tenemos la razón!» La gran pelea divierte a la multitud.

Jesús llega y examina la escena. Pregunta qué sucede: «¿Acerca de qué discuten?»

El padre le cuenta a Jesús cómo su hijo es atormentado por un espíritu que le ha dejado mudo y lo arroja al suelo en medio de convulsiones. Añade: «Lo traje esperando que pudieras ayudarlo, pero no estabas aquí, así que les pedí a tus discípulos que me ayudaran. Debo haber hallado a algunos discípulos que necesitan una clase de repaso, porque no han podido hacer nada».

Los discípulos se quedan mirándose los pies. No es un momento de relucir para ellos. Les falta poder espiritual y no han podido ayudar al necesitado. Es más, han acabado en una gran pelea que no estaba sirviendo para nada y le parecía ridícula a la multitud de mirones.

A veces uno de los más grandes obstáculos para la fe en Jesús es la incompetencia, la complacencia y la arrogancia de sus seguidores... seguidores como yo.

«¡Ah, generación incrédula! –respondió Jesús–. ¿Hasta cuándo tendré que estar con ustedes? ¿Hasta cuándo tendré que soportarlos?» (Marcos 9:19). En su mayor parte está hablándoles a sus discípulos. Le dice al padre: «Tráeme al muchacho», y el padre lo hace. El joven sufre violentas convulsiones, y se revuelca en el suelo, echando espuma por la boca. Todo el mundo está callado ahora. Jesús pregunta: «¿Cuánto tiempo hace que le pasa esto?» El papá dice: «Mucho tiempo; desde su niñez. Muchas veces casi se muere».

Entonces el padre pide: «Si puedes hacer algo, ten compasión de nosotros y ayúdanos» (Marcos 9:22). A veces lo que en realidad creemos, nuestras convicciones básicas, se filtran por medio de una sola palabra. Lo mismo ocurre con este hombre.

Si.

Si no es una palabra de la cumbre de la montaña. Es una expresión del valle. *Si.*

«Jesús, este es mi hijo. Oro a Dios por él todos los días. Durante años le he dicho a Dios: "Dios, haré cualquier cosa. Te daré cualquier cosa. Te prometo cualquier cosa". Pero nada... nada.

»Jesús, cada vez que viene un nuevo rabino, cada vez que hay un nuevo maestro, cada vez que hay un santo con reputación de sanidad y poder espiritual, le he traído a mi hijo. Le he preguntado: "¿Puedes hacer algo para ayudarnos?" La respuesta ha sido nada... nada.

»Entonces oí de ti y mis esperanzas renacieron. ¿Sabes cuánto duele que las esperanzas se eleven, Jesús? Mis esperanzas renacieron una vez más, y traje a mi hijo ante tus discípulos, y todo se convirtió en un circo. Ese es mi hijo, y es como un espectáculo estrafalario en el que todos se quedan mirándolo. Pero si puedes hacer algo...»

Jesús percibió la palabra «si», y entonces leemos esta asombrosa afirmación que nos da esperanza y luego nos destroza: «Para el que cree, todo es posible» (Marcos 9:23). Jesús, de cierta manera, responde con un *si* propio. El hombre le dice que le ayude si es posible. Jesús dice que todas las cosas son posibles... *si* cree.

Hay poder en la fe, en interactuar con la realidad espiritual. Jesús cree esto.

En este punto, si yo hubiera sido el padre, me hubiera sentido tentado a conjurar algo de certeza, o a fingirla. «¡Vaya! ¿Dije yo "si"? Quise decir "puesto que". "Puesto que tú puedes hacer todo"». Porque los gigantes de la fe usan preposiciones que vinculan la certeza de sus creencias a la confianza en el cumplimiento: *puesto que, por consiguiente, porque*. No *si*.

Si no es una palabra de la cumbre de la montaña. Es una expresión del valle. Si.

Sin embargo, este hombre tiene una fe dudosa y eleva una oración dudosa. Cuando Jesús le señala esto, una respuesta sale de la boca del hombre tan rápido que parece una erupción, porque este es exactamente su dilema. Su esperanza cuelga en un delgado *si*. «¡Sí creo! —exclamó de inmediato el padre del muchacho—. ¡Ayúdame en mi poca fe!» (Marcos 9:24).

Creo y dudo. Espero y temo. Oro y vacilo. Pido y me preocupo. Creo; ayúdame a vencer mi incredulidad.

Comprendo esa oración. Es la oración del que duda. Quítame mi *si*. Creo; ayúdame a vencer mi incredulidad.

Ahora bien, esto no es precisamente una aprobación contundente de Jesús, y uno se pregunta: «¿Cómo va él a responder?»

Jesús dice: «Me quedo estupefacto y apabullado de que tú en realidad tengas dudas. Malo para ti... ¡No tengo tiempo para esta clase de peticiones insultantes!» (Reversión 9:25; acabo de inventar esto).

¿No se alegra de que Jesús en realidad no haya dicho tal cosa? ¿No se alegra de que no se aleje? En lugar de eso, él le habla al hijo del hombre. El muchacho es sanado y vivirá. Crecerá. Tendrá amigos. Aprenderá la Torá. Trabajará junto a su papá. Algún día tal vez se casará. Llegará a ser un hombre viejo, muy viejo, y recordará el día cuando era muchacho y un joven rabino hizo por él lo que nadie más podía hacer. Recordará el día en que estuvo a solas con Jesús en una montaña.

Más allá de la montaña

Ahora la pregunta es esta: ¿Y qué de nosotros? ¿Piensa usted que esto en realidad sucedió? Tal vez tiene dudas. Tal vez se pregunta sobre el asunto de los demonios. Tal vez se pregunta si los milagros son en realidad posibles. Tal vez su fe está llena de *si*.

Hay un maravilloso y diminuto versículo en una carta del Nuevo Testamento que rara vez se lee y que se llama Judas: «Tengan compasión de los que dudan» (v. 22). Jesús entiende cada *si*. El papá en este relato tenía por lo menos tantas dudas como usted... por lo menos tantas dudas.

Sin embargo, algo en nuestro interior no puede renunciar a la esperanza. Algo por dentro sigue atrayéndonos de nuevo a este rabino. Algo en cuanto a su vida, sus obras, su fe. Algo en cuanto a su creencia de que el universo lo gobierna la bondad del Padre que Jesús describía y amaba. Algo en cuanto a su poder. Algo en cuanto a su paz nos atrae hacia él como ha atraído a las personas de todo el mundo durante dos mil años y todavía las sigue atrayendo.

No podemos ver y saber todo en cuanto a la esperanza ahora, pero un día lo sabremos.

Algo muy adentro le dice a uno que está a solas al borde de un precipicio, y que la única alternativa a Jesús es la ilusión o la desesperanza.

No podemos ver y saber todo en cuanto a la esperanza ahora, pero un día lo sabremos. Tal vez sea algo parecido a esto, según lo escribió un predicador llamado Bruce Thielemann:

> Imagínese a una colonia de larvas viviendo en el fondo de un pantano. De vez en cuando, una de estas larvas se inclina a trepar por el tallo de una hoja hasta la superficie. Entonces desaparece sobre la superficie y nunca vuelve. Todas las larvas se preguntan por qué esto es así y cómo debe ser allá arriba, por lo que conversan entre ellas y acuerdan que la próxima que suba volverá y se lo dirá a las demás. No mucho después de eso, una de las larvas siente el impulso, trepa por el tallo de la hoja, y sale más allá de la superficie hasta un jardín de lirios. Y allí, bajo el calor del sol, se queda dormida. Mientras duerme, el carapacho de la diminuta criatura se abre, y del interior de la larva sale una maravillosa libélula con hermosas y amplias alas, con matices del arco iris, iridiscente. Extiende esas alas y vuela, remontándose por sobre las aguas. Pero entonces recuerda la promesa que les había hecho a

las que quedaron atrás, y sin embargo, ahora sabe que no puede volver. Ellas no la reconocerían, para empezar, y además de eso, no podría vivir de nuevo en tal lugar. No obstante, un pensamiento suyo hace a un lado toda su angustia: ellas también treparán por el tallo, y ellas, también, conocerán la gloria.

Un día, dice la Biblia, esto sucederá. Un día la larva de nuestro pequeño *si* se convertirá en un glorioso *cuando*.

Tal vez usted esté de pie al lado del precipicio, atascado en el *si*, preguntándose: «¿Puedo confiar en él? ¿Puedo entregarme aunque dude? Si doy el salto, ¿me atrapará?»

En realidad, no importa lo que yo escriba, porque nadie puede o debe tratar de convencer a alguien más acerca de esto. Sin embargo, algo sé en cuanto a cómo funciona el *si*. Sé que si uno nunca cree, si nunca confía, nunca sabrá. A veces un salto de fe es la única forma de transporte.

Y sé una cosa más. Sé sobre la esperanza secreta que usted ha estado aguardando.

Todos esperan

Las criaturas no nacen con deseos a menos que exista la satisfacción de esos deseos.

C. S. Lewis

Todos esperamos algo. Somos criaturas que no pueden dejar de desear. Somos coleccionistas de tréboles de cuatro hojas. Deseamos el lucero vespertino. Contamos historias acerca de genios que salen de botellas para conceder tres deseos. Después de cenar un pavo, mi primo Danny y yo solíamos empuñar los extremos del hueso de la suerte del pavo para romperlo, creyendo que cualquiera que se quedara con el pedazo más grande vería cumplido su deseo. De dónde vino tal creencia no tengo ni idea. El hueso no le servía al pavo gran cosa.

Les enseñamos a nuestros hijos a pedir un deseo antes de soplar la vela. Cuando mis hijos eran pequeños, nos encantaba la película *Pinocho*; en especial les gustaba un personaje saltarín, estridente e irreprensible llamado Pepito Grillo. Si uno va al Reino Mágico en Disneylandia, el «lugar más feliz sobre la tierra», todavía se le puede oír cantar: «Cuando deseas una estrella...»

Todos esperamos. Existe incluso una lista anónima de deseos en la Internet donde millares de personas anotan lo que esperan: algunas de las anotaciones son divertidas, algunas asustan, y algunas parten el corazón. «Quisiera ser rico en el futuro inmediato». «Quisiera ser muy feliz porque todo aspecto de mi vida está marchando fantásticamente bien para siempre». «Quisiera que mi esposa se muriera». «Quisiera no tener insuficiencia pancreática». A muchos de los deseos les sigue la expresión *por favor*. Simplemente no podemos ayudarnos a nosotros mismos. George MacDonald ha dicho: «Todo lo que sea lo suficiente grande como para iluminar un deseo, es lo suficiente grande como para que de él penda una oración».

Todos esperamos, pero la esperanza viene en dos sabores: esperar por *algo* y esperar en *alguien*. Ahora bien, cuando esperamos algo, esperamos un resultado en particular. «Espero obtener ese trabajo. Espero conseguir esa casa. Espero conquistar a esa muchacha. Espero conquistar a esa muchacha y que ella obtenga ese empleo y que consigamos esa casa». A veces lo que esperamos es de vida o muerte: «Espero que esta depresión se vaya». «Espero que no sea cáncer». Sin embargo, un día lo será. Y si no es el cáncer, será otra cosa.

Un día, y esta es la verdad, *todo* lo que esperamos a la larga nos desilusionará. Toda circunstancia, toda situación por la que esperamos va a desgastarse, ceder, desbaratase, derretirse, desaparecer. Cuando eso sucede, la pregunta entonces es en cuanto a su esperanza más honda, su esperanza fundamental, su esperanza de respaldo cuando todas las demás esperanzas se han convertido en desilusiones.

Esperar puede partirle a uno el corazón. La diferencia entre esperar y la ilusión, dice el escritor William Sessions, es la presencia de un fuerte deseo. En la película *The Shawshank Redemption* [Cadena perpetua], los dos protagonistas, papeles desempeñados por Tim Robbins y Morgan Freeman, tienen una discusión continua sobre la esperanza. Morgan Freeman ha aprendido a manejar la desilusión abandonando la esperanza. «La esperanza es algo peligroso», dice. «La esperanza puede partirle a uno el corazón». Sin embargo, para Tim Robbins dejar de esperar es empezar a morirse. Y la línea final de la película, cuando Morgan Freeman ha salido de la cárcel y se dirige hacia las aguas azules de México para reunirse con su gran amigo, es: «Espero...»

Esperar puede partirle a uno el corazón. Por eso tenemos una gran esperanza, la esperanza secreta que uno ni siquiera se atreve a pronunciar: que cuando hayamos *perdido* ese *algo* que esperábamos —y esto tal vez puede haber sido en realidad muy grande— haya un *Alguien* en quien podamos *poner* nuestra esperanza.

Todo el testimonio de las Escrituras apunta a este Hombre, apunta a un Dios, no porque él pueda darnos ese *algo* o esa *cosa* que estamos esperando —porque eso siempre va a desaparecer a la larga— sino porque es el *único* en quien podemos *poner* la esperanza. Y sin esperanza, como el Papa Juan Pablo II una vez dijo, no hay fe. La esperanza es la fe esperando el mañana. La fe requiere de una creencia, y creer es lo que hacemos con nuestra mente. La fe requiere de una entrega, y entregarnos es lo que hacemos con nuestra voluntad. No obstante, la fe también debe tener esperanza, y esperar es lo que hacemos con nuestro corazón.

Pensamiento ilusorio

El Antiguo Testamento registra una historia acerca de creyentes y escépticos y un ateo anticipado. El relato tiene lugar temprano en la historia de Israel, después que los israelitas habían estado vagando por el desierto durante cuarenta años llevando consigo el arca del pacto. Ellos llegan a la tierra prometida, pero se encuentran luchando. No tienen un rey; esto es antes de la época de David y Salomón. Israel lucha contra los filisteos, y está esperando *algo*, esperando la victoria. Van a la batalla contra los filisteos, y entonces pierden. Después que dan el informe, se les pregunta qué sucedió. Esto sucede a menudo con la gente. Preguntan: «¿Dónde estaba Dios? Contábamos con él. ¿Por qué no nos dio lo que esperábamos?»

Entonces a alguien se le ocurre una idea y dice: «Vayamos de nuevo a la batalla contra los filisteos, solo que esta vez usemos nuestra arma secreta. Esta vez traigamos a la batalla el arca del pacto».

El arca del pacto era un cofre en el que los israelitas guardaban algo de maná (el pan que Dios les había provisto durante su tiempo en el desierto) y los Diez Mandamientos. Sin embargo, no era simplemente una caja. Representaba la «presencia de Dios». Los israelitas pensaban de ella como si se tratara de «Dios en una caja». Si la traían a la batalla, Dios no permitiría que el enemigo capturara el arca del pacto. Eso sería como capturar a Dios, y él no iba a permitir que eso sucediera. Pensaban: *Así que él tiene que darnos lo que esperamos.*

Hay una extraña clase de teología detrás de esta manera de pensar. Le daré una imagen de ella. En un episodio del programa de dibujos animados de televisión *Los Simpson*, Homero promete dinero para la campaña de recaudación de fondos de una maratón televisiva porque está hastiado de los recaudadores, pero en realidad no tiene el dinero. Cuando los organizadores de la campaña se enteran, lo obligan a servir con un grupo de misioneros en una isla tropical. La gente con la que está sirviendo construye un nuevo templo. Ahora bien, Homero no es un persona sagaz desde el punto de vista teológico, pero se siente orgulloso de lo que han logrado. Lo resume de esta manera: «Pues bien, no sé mucho en cuanto a Dios, pero con certeza le hemos construido una hermosa jaulita».

> *El arca del pacto no era simplemente una caja. Representaba la «presencia de Dios». Los israelitas pensaban de ella como si se tratara de «Dios en una caja». Ellos pensaban: Él tiene que darnos lo que esperamos.*

Sin embargo, la verdad con relación a Dios es que simplemente no se le puede mantener enjaulado. No se le puede domar y domesticar. No podemos obligarlo a que nos dé *aquella cosa* que uno espera.

Eso es lo que los israelitas trataron de hacer. Marcharon a la batalla por segunda vez, y hacia el desastre. Su ejército fue aplastado. Perdieron en la segunda batalla siete veces más soldados que en la primera. Y peor para ellos, los enemigos capturaron el arca del pacto.

Esto es inconcebible. Perder el arca era perder la presencia de Dios. Era perder lo que los distinguía como pueblo. El sacerdote y sus dos hijos mueren; y la nuera del sacerdote comienza con las labores de parto cuando recibe las noticias. Ella le llama a su hijo *Icabod* y luego muere también.

Cabod era una hermosa palabra para Israel. La misma significaba gloria. El hecho de colocarle el prefijo *i* le daba un sentido negativo (así como *irreligioso* es lo opuesto de *religioso*). Ella quería que su hijo supiera lo que su madre percibía como verdad y que no buscara el consuelo de un engaño. No había Dios. Ni significado. Ni esperanza. Ni gloria. Icabod. Deseaba advertirle a su hijo que una ilusión no hace que algo sea. Esperar puede romperle a uno el corazón.

Muchos creen en un mundo Icabod, que la fe no es otra cosa que pensamiento ilusorio. Nos gustaría creer que viviremos después de morir; nos gustaría pensar que hay un ser benevolente y todopoderoso en el cielo, así que nos convencemos de eso.

Nadie le ha llamado Icabod a nuestro mundo moderno de una manera más poderosa que Sigmund Freud. Freud dijo que cada uno de nosotros está formado por el id, el ego y el superego (piense en los Tres Chiflados: el id es Rizos... todo es tener apetito, diversión y perseguir a las enfermeras rubias; el ego es Lorenzo... relativamente calmado, fofo y aceptando la realidad; y el superego es Moe... siempre empujando a la gente y metiéndoles el dedo en el ojo). La ilusión es la característica fundamental de la infancia, dominada por el id. La principal señal de madurez en Freud es darse cuenta de que la ilusión es impotente ante la realidad. Y, según dijo Freud, la mayor ilusión del pensamiento ilusorio que los seres humanos jamás han concebido es Dios. Él escribió un libro sobre religión llamado *El futuro de una ilusión*. Es mejor, señaló, crecer y dejar atrás nuestro pensamiento ilusorio.

Tal vez Freud tiene razón. No obstante, un problema con la línea de Freud es que obstaculiza ambos sentidos. Alguien puede también llegar a dudar debido al pensamiento ilusorio. C. S. Lewis dijo que su mayor deseo era que no hubiera un Dios, que lo dejaran en paz. Dijo que hablar del hombre buscando a Dios siempre le sonaba como hablar del ratón buscando al gato.

El psiquiatra e investigador Paul Vitz, en su libro *Faith of the Fatherless* [La fe del huérfano], aduce que ninguna investigación empírica respalda la idea de que la fe sea neurótica; pero toda una montaña de ella afirma que la fe es saludable. Esto sugiere que tal vez es el ateísmo lo que requiere una explicación psicológica. Es más, cuando Vitz rastrea el trasfondo de muchos de los principales ateos en contra de los principales teístas en siglos recientes, halla que es abrumadoramente más probable que los atraídos al ateísmo provengan de un trasfondo con un padre débil, abusivo o ausente.

La expresión «pensamiento ilusorio» por lo general lleva connotaciones negativas. De manera usual la empleamos para referirnos a los que de modo infantil permiten que lo que desean sea la verdad, dejando a un lado la lógica y la razón. Sin embargo, hay otra forma de emplear la expresión: podemos pensar acerca de nuestros deseos. Podemos preguntarnos si tal vez nuestros deseos nos dicen algo verdadero en cuanto a por qué existimos y para qué fuimos creados.

Así es como Frederick Buechner usa la frase. «El cristianismo es principalmente pensamiento ilusorio. Incluso la parte en cuanto al juicio y el infierno refleja el deseo de que en alguna parte se lleve cuentas ... A veces el deseo resulta ser las alas por medio de las que la verdad llega a ser cierta. A veces la verdad es lo que nos dispone a desear algo».

Alguien en *quien* esperar

Volviendo a nuestro relato de los israelitas y el arca del pacto, hallamos al pueblo de Israel desesperado. No obstante, es cuando han perdido todo lo que estaban esperando que el relato se vuelve interesante. Los filisteos llevan el arca del pacto a la ciudad de Asdod, en donde está el templo de su dios Dagón. Los sacerdotes entran el arca y la ponen junto a la estatua de Dagón. Entonces todos los filisteos se alegran, porque creen que Dagón ha prevalecido sobre Yahvé, el Dios de los israelitas. Celebran una gran fiesta, entonando sus canciones favoritas y relatando sus hazañas de batalla. Luego cae la noche y todo mundo se va a casa. Nadie está presente para ver u oír lo que está pasando, pero algo sucede en el templo.

«Al día siguiente, cuando los habitantes de Asdod se levantaron, vieron que la estatua de Dagón estaba tirada en el suelo, boca abajo, frente al arca del SEÑOR» (1 Samuel 5:3). El texto no dice lo que pensaron los sacerdotes. Tal vez Dagón se cayó por accidente. Quizás se trató simplemente de una coincidencia. Pero parecía misteriosamente como si Dagón se hubiera postrado para adorar al Dios de Israel. Parecía como si tal vez el Dios de Israel fuera el Señor de señores.

Los sacerdotes de Dagón se dan cuenta de que no se ve bien que su dios esté postrado ante el Dios de Israel, Yahvé, así que sacuden a su dios y lo enderezan de nuevo. Todo la jornada, durante el segundo día, los filisteos van al templo para celebrar su victoria, ofrecer sacrificios y entonar cantos al gran Dagón. Luego cae la noche, y los sacerdotes apagan las luces y se van a casa. Dejan a Dagón solo con el gran Yahvé. Dagón se dice para sus adentros: «Ahí vamos de nuevo».

A la mañana siguiente cuando llegan los sacerdotes, hallan

una vez más que Dagón ha caído a tierra ante el arca del Señor. Y no solo eso, sino que esta vez su cabeza y sus manos han sido cercenadas y se encuentran nítidamente alineadas en el umbral del templo, por lo que todo lo que queda de Dagón dentro del templo es un tronco.

Un relato de tres días

¿No le encantaría saber lo que sucedió? El texto no nos lo dice. Todo lo que sabemos es que este es un «relato de tres días». El primer día es un día muy oscuro. Parece como si el Dios de Israel estuviera derrotado y la gloria hubiera desaparecido. Es más, hay un episodio muy conmovedor. Después que pierden la batalla, el arca es capturada y el viejo sacerdote Elí muere, su hija, la vieja nueva atea, le pone *Icabod* por nombre a su hijo. «Todo este asunto es un sueño ilusorio. Abraham se engañó. Moisés simplemente anduvo deambulando por el desierto. No hay Dios, ni Yahvé. No hay gloria. La vida no significa nada. Naces, mueres y se acabó. Será mejor que nuestro hijo sepa eso cuando crezca. Icabod. La gloria ha desaparecido». Ese es el primer día. El cielo estaba en silencio. No hay esperanza. Ni gloria. Y nadie puede entender por qué. Algunos días son así.

Luego tiene lugar el segundo día, el día del combate oculto. El mismo está recubierto de misterio. Es el día en que Dagón cae pero lo vuelven a levantar. Es un día de ambigüedad y ansiedad. Algunos días son así.

Sin embargo, este es un relato de tres días. El tercer día el relato da un giro de ciento ochenta grados. El ídolo es derribado. El tiempo del cautiverio se acabó. Dios va a venir a morar con su pueblo porque el tercer día es el día de Dios. Ese es el día de la esperanza. Él es el «Dios del tercer día». Esta parte del relato se vuelve algo terrenal... y pediría las debidas disculpas por decir esto, pero tal cosa brota del texto. Dios envía una plaga que tiene que ver con los ratones.

Es difícil traducir lo que afligió a los filisteos. La Nueva

Versión Internacional habla de «tumores», lo que de cierto modo es una expresión diplomática. La versión Reina Valera de 1909 dice: «Y aconteció que como la hubieron pasado, la mano de Jehová fue contra la ciudad con grande quebrantamiento; é hirió los hombres de aquella ciudad desde el chico hasta el grande, que se llenaron de hemorroides» (1 Samuel 5:6). La versión King James en inglés dice que «tuvieron hemorroides en sus partes secretas» (5:9; es allí donde por lo general aparecen). La pregunta obvia es: ¿Por qué se incluyó ese detalle en la Biblia? ¿Qué le pasó a cualquiera que estuviera escribiendo este material?

> *Los filisteos —enemigos de Israel— eran muy poderosos; tenían una tecnología de la edad de hierro. Pero en la presencia del juicio de Dios, los filisteos eran bochornosamente humanos.*

Este detalle es una parte muy deliberada del relato, y he aquí por qué. Se trataba de los filisteos, los enemigos de Israel. Ellos eran muy poderosos; tenían una tecnología de la edad de hierro. El escritor quiere que los lectores sepan: No tengan miedo de sus enemigos. No los envidien. No traten de ser como ellos.

Si por un tiempo pareció que los filisteos iban a triunfar, no se engañen. Esas son cosas del primer día. Viene el tercer día.

El escritor quiere que sepamos que en la presencia del juicio de Dios, los filisteos eran bochornosamente humanos. Todas sus espadas, lanzas y escudos de hierro no les servían, porque lo que necesitaban en realidad era cojines inflables sobre los cuales sentarse, y en tanto que la Edad de Hierro había llegado, la Edad del Cojín Inflable todavía estaba a siglos de distancia en el futuro.

Una de las maneras en que se pueden dividir las historias bíblicas es por su marco de tiempo. Un tipo de historia son los relatos de cuarenta días. Por lo general, estos son relatos de «espera y aprende a tener paciencia». La familia de Noé estuvo en el arca durante cuarenta días y noches de lluvia; los israelitas se quedaron alrededor del monte Sinaí cuarenta días esperando los Diez Mandamientos; Elías pasó cuarenta días en el desierto escondiéndose de Jezabel. Jesús empezó su ministerio pasando cuarenta días en el desierto; y después de la resurrección, él y los discípulos pasaron otros cuarenta días esperando su ascensión y luego la venida del Espíritu Santo. El enfoque de estos relatos está en la necesidad de que las personas sean fieles y perseveren. Los relatos de cuarenta días son historias que se asemejan a una olla de cocinado lento.

Sin embargo, hay otro tipo de historias: el relato de tres días. Estos son relatos de crisis y urgencia... historias de microondas. El enfoque aquí no es para nada la necesidad de una respuesta humana. Aquí la presión es tan aplastante que Dios debe salir al rescate... o cae el telón. Los relatos de tres días son historias de necesidades desesperadas y expectación, y de una esperanza que cuelga de un hilo.

Cuando un héroe llamado José estaba en la cárcel, le dijo al copero del faraón: «Dentro de los próximos tres días el faraón lo indultará a usted y volverá a colocarlo en su cargo» (Génesis 40:13).

Cuando Israel estaba atrapado en la esclavitud, Moisés le dijo al faraón: «Debemos hacer un viaje de tres días, hasta el desierto, para ofrecer sacrificios al SEÑOR nuestro Dios» (Éxodo 5:3).

Cuando los israelitas llegaron al Sinaí, Dios dijo: «Ve y consagra al pueblo hoy y mañana ... y que se preparen para el tercer día, porque en ese mismo día yo descenderé sobre el monte Sinaí, a la vista de todo el pueblo» (Éxodo 19:10-11).

Cuando Israel tuvo miedo de entrar en la tierra prometida, Dios le dijo: «Sé fuerte y valiente ... dentro de tres días cruzará el río Jordán para tomar posesión del territorio que Dios el SEÑOR le da como herencia» (Josué 1:6,11).

Cuando Israel sufrió la amenaza de genocidio, la reina Ester dijo que ella ayunaría por tres días y luego iría a ver al rey para buscar la liberación para su pueblo.

¿Quiere adivinar cuánto tiempo estuvo Jonás en el vientre del gran pez? Exacto, estuvo tres días antes de ser liberado. Su oración todo el tiempo que estuvo dentro de ese gran pez fue: «Dios, simplemente déjame salir por donde entré». Por lo menos pienso que es probable que esa fuera su oración.

El tercer día se usaba con tanta frecuencia de esta manera que llegó a ser una especie de expresión técnica que significaba un tiempo de espera por liberación. «En este momento las cosas son un caos. Ahora mismo la esperanza está siendo aplastada. Ahora mismo los corazones están desencantados. Pero viene un día mejor».

En el libro de Oseas, el profeta dice algo así: «¡Vengan, volvámonos al SEÑOR! ... Después de dos días nos dará vida; al tercer día nos levantará, y así viviremos en su presencia» (Oseas 6:1-2).

Tenga cuidado en cuanto a lo que espera

Un día la liberación vino de una manera que nadie esperaba. Dios regresó a su pueblo, no en una caja, sino en la forma de un hombre. «Y el Verbo se hizo hombre», dice la Biblia, «y habitó entre nosotros» (Juan 1:14). Este lenguaje es muy evocativo. La palabra para *habitar* literalmente es la palabra que se usaba para «tabernáculo». «Levantó su tabernáculo [armó su carpa] entre nosotros». Debido a que el tabernáculo era el lugar en donde estaba el arca del pacto, es allí donde los israelitas pensaban que Dios se encontraba.

«Y el Verbo se hizo hombre y habitó [levantó su tabernáculo] entre nosotros. Y hemos contemplado su gloria [su *cabod*], la gloria que corresponde al Hijo unigénito del Padre, lleno de gracia y de verdad» (Juan 1:14). No obstante, esta es una gloria algo rara. Vino en una extraña combinación de humildad, soledad e intrepidez. Nadie pudo domar a Jesús. Nadie —ni los políticos, ni los zelotes, ni los dirigentes religiosos— nadie pudo usarlo. Nadie pudo manipularlo para lograr lo que quería. Nadie pudo cerrarle la boca. Así que al final los que estaban en el poder lo apresaron, lo flagelaron, lo traspasaron con una lanza y lo colgaron en una cruz. Más tarde algunos pusieron su cuerpo en una tumba.

Ese fue el primer día... un día oscuro. Sus seguidores quedaron destrozados. Habían visto la gloria por un rato, y ahora había desaparecido. Ahora estaba en una tumba. Ahora era Icabod.

El segundo día no parecía nada mejor. Ese día Poncio Pilato puso una guardia para que vigilara la tumba, porque ahora él tenía el control. Quería asegurarse de que nada sucediera... que nadie entrara o hiciera algo extraño con ese cadáver. Se dijo: «Pues bien, pienso que este es el fin de todo el asunto. Pienso que no oiré nada más de este movimiento. No sé mucho en cuanto a este Jesús, pero con certeza le hemos hecho una linda jaulita».

El caso es que a Jesús uno simplemente no puede mantenerlo en una jaula. Él nunca fue un hombre dado a las jaulas. Las autoridades no lo sabían, pero la muerte no fue una derrota para él.

Sin embargo, el caso es que a Jesús uno simplemente no puede mantenerlo en una jaula. Él nunca fue un hombre dado a las jaulas. Las autoridades no lo sabían, pero la muerte no fue una derrota para él. Jesús murió, se nos asegura, «por nuestros pecados». Murió para hacer lo que usted y yo, con todos nuestros pequeños esfuerzos de mejora propia —tratando de hacer lo mejor, dar lo suficiente, ir a la iglesia lo suficiente, hacer las suficientes cosas buenas— jamás podríamos hacer. Él estaba poniendo las cosas en orden entre Dios y nosotros. Estaba sufriendo la muerte que, con todo derecho, usted y yo deberíamos haber experimentado.

Ese fue el segundo día. Ese fue un día oscuro. Ese fue un día de desilusión.

Pero la historia de Jesús es un relato de tres días.

Algunos sostienen que el tercer día nunca tuvo lugar. Jesús nunca resucitó. Su cuerpo todavía se halla en alguna cueva en algún lugar. Un documental reciente producido por James Cameron (el productor de *Titanic*) titulado T*he Lost Tomb of Jesus* [La tumba perdida de Jesús] sugiere que el cuerpo de Jesús nunca resucitó. La base para la tesis de Cameron es que una tumba con varios osarios en ella se ha hallado en Jerusalén. La muerte en el mundo antiguo era un proceso en dos etapas. Cuando alguien moría, se ponía el cadáver en una tumba o cueva. Luego, después de un cierto período de tiempo, se recogían los huesos y se les colocaba en una caja llamada osario.

Uno de los osarios de esta tumba en particular tenía el nombre «José» inscrito encima; otro tenía el nombre «María»; y otro más puede haber tenido el nombre «Jesús», pero ese nombre es algo difícil de descifrar. El documental aduce que esos osarios indican que Jesús nunca resucitó y que el tercer día nunca tuvo lugar. Esto es muy importante, porque la fe depende de este tercer día.

De modo interesante, los eruditos en realidad han sabido de la existencia de esta tumba desde su descubrimiento en 1980. Ninguno de los eruditos que han intervenido, cristianos o no, ha pensado que existiera siquiera una posibilidad remota de que fuera la tumba de la familia de Jesús de Nazaret, en parte porque los nombres eran muy comunes en la Jerusalén del primer siglo. Tom Wright, erudito del Nuevo Testamento, dice que eran tan comunes que hallar una tumba con esos nombres en los osarios sería muy parecido a hallar un directorio telefónico de Nueva York en el que consten los nombres John y Sally Smith. Se han hallado novecientas tumbas en Jerusalén en el siglo pasado, o algo así, y muchas de ellas contienen osarios rotulados «Jesús, hijo de José».

Además, el José de la Biblia vivía en Nazaret. Nunca vivió en Jerusalén, y por cierto no hubiera sido sepultado allí.

Lo que es más, las tumbas de los mártires en los días de Jesús siempre eran veneradas. Las visitaban los seguidores de los mismos, y tales sitios se convirtieron en destinos de peregrinajes. Si Jesús tuviera una tumba conocida, sus seguidores la habrían venerado y eso hubiera impedido que alguien siguiera aduciendo que él resucitó de los muertos. Todavía más, tenemos documentación escrita procedente de la misma generación que existía durante la vida de Jesús, cuando todavía había testigos oculares para cuestionarla, acerca de que quinientas personas le vieron vivo después de su resurrección.

La lista de evidencias en contra de que esa tumba sea el lugar en donde están los huesos de Jesús se ha hecho tan larga que el rumor más reciente es que los escépticos están aduciendo que esta es la «verdadera tumba de Jesús» porque hallaron allí un brazalete que dice: «¿Qué haría yo?» (No pienso que ese rumor sea verdad).

Los seguidores de Jesús hicieron una afirmación: «Saben, el primer día fue un día en realidad oscuro. Ese fue el día en que le colocaron en la tumba. El segundo día se apostó una guardia. Ese fue también un día en verdad oscuro. Pensábamos que todo se había acabado. Pensábamos que lo que estábamos esperando nunca iba a realizarse. Lo que descubrimos fue que había alguien en quien podíamos esperar. Esas fueron mucho mejores noticias que cualquier cosa que hubiéramos esperado. Debido a él, el tercer día llegó».

El tercer día es el día de Dios. El tercer día es el día en que los prisioneros del faraón salen libres. El tercer día es el día cuando el pueblo llega a las montañas, y las montañas tiemblan, y los ríos se abren, y el pueblo entra a la tierra prometida. El tercer día es el día cuando las muchachas del harén como Ester enfrentan a reyes poderosos.

El tercer día es el día cuando profetas como Jonás son depositados en un puerto marítimo por un pez gigante. El tercer día es el día cuando ídolos como Dagón caen postrados y Dios empieza a acercarse a su pueblo. El tercer día es el día cuando las piedras se quitan.

El tercer día es el día en que un carpintero crucificado volvió a la vida.

Uno nunca sabe lo que Dios va a hacer, porque Dios es «el Dios del tercer día».

Lo sé. Es una esperanza, no una prueba. Sin embargo, ¿es digna de esperarse una esperanza menor?

A principios del siglo veinte un vagabundo llamado Cliff Edwards a duras penas lograba mantenerse vivo, pero se aferró a sus esperanzas con relación a su único gran don: una voz que podía deslizarse por encima de las tres octavas de una forma mágica. Empezó a cantar en un restaurante en donde él mismo se hizo llamar «Ukulele Ike», luego alguien lo descubrió, llegando a ser uno de los grandes astros del vodevil y Broadway en la década de los veinte, así como también una estrella de las primeras películas parlantes. Llegó a ser tan grande como una persona puede serlo. Se le acredita en algunos círculos por inventar el gorjeo. Y si usted se imagina a un cantante de la década de los veinte llevando un ukulele, está venerando su memoria.

Uno nunca sabe lo que Dios va a hacer, porque Dios es «el Dios del tercer día».

Edwards consiguió lo que esperaba, pero no era lo que quería. Y comenzó la larga caída: alcoholismo, apuestas, problemas con los impuestos, bancarrota y adicción a las drogas. Murió olvidado en 1971, arruinado y dependiendo de la beneficencia pública. Sobrevivió a Janis Joplin y Jimi Hendrix y a su propia fama por muchas décadas. Tengo una cierta inclinación hacia él debido a la última parte que representó en una gran película antes de su largo descenso final, cuando su inimitable voz le dio vida al papel de un personaje saltarín, estridente e irreprensible llamado Pepito Grillo. «Cuando uno desea una estrella...»

●

Es una cuestión respaldada por el registro histórico que hubo una vez un tiempo cuando un pequeño grupo de hombres y mujeres asustados e imprudentes dijeron: «No sabemos cómo sucedió, pero llegó el tercer día». El tercer día es la única explicación para el hecho de que ese pequeño grupo de hombres y mujeres vacilantes se convirtiera en una iglesia en la cual las personas, sin ningún temor, serían colgadas en cruces, traspasadas por espadas, y entregarían sus vidas.

Si eso no fuera cierto... si el tercer día no hubiera venido... si alguien pudiera señalar un montón de huesos, ya lo hubiera hecho. Nadie va a morir por un montón de huesos, pero por un Dios del tercer día la gente daría sus vidas debido a lo que está al otro lado de ese día tercero.

Desde ese tercer día en adelante el mundo nunca ha sido el mismo. Los seguidores de Jesús, que solían observar el sabbat, empezaron más bien a observar el domingo —el tercer día— al que comenzaron a llamarle en el Nuevo Testamento el «día del Señor». El tercer día es el día del Señor, porque, según dijeron, «ahora somos personas del tercer día. Apostamos hasta la camisa por esto». Ellos afirmaron que el reino que todos anhelaban había resultado ser real.

Uno nunca sabe lo que puede suceder en el tercer día. Me aferro a eso. Pongo toda mi esperanza en un Dios del tercer día.

Sin embargo, vivo en un mundo del segundo día.

7

El extraño silencio de Dios

Podemos clamarle con anhelo y desesperanza a un universo frío e indiferente ... pero solo oiremos silencio en respuesta. El universo está mudo, desprovisto de todo poder bien sea para afirmar o negar el valor que nos asignamos tanto a nosotros mismos como a otros. Así es. Al universo no le importamos.

KENNETH A. TAYLOR

Pasé seis años de mi vida en una facultad de estudios avanzados obteniendo un doctorado en psicología clínica. Fui terapeuta en una época, por poco tiempo, así que les voy a contar acerca de mi primer caso de suicidio.

Para los que se dedican al asesoramiento profesional, el suicidio es la peor pesadilla. Por eso se suele inquirir en la primera cita: «¿Alguna vez ha pensado usted en hacerse daño a sí mismo? Si lo pensó, ¿alguna vez pensó en cómo hacerlo? Si es así, ¿en realidad lo intentó?» Pasé todo un curso dedicado a esto: quién corre más riesgo, cuál es el prorrateo por sexo, edad y profesión; cuáles son las señales de que pudiera ser inminente; cómo elaborar un plan de acción; y cuáles son las cuestiones legales.

Para empeorar las cosas, no era un buen consejero. Los líderes fuertes y dinámicos a veces confiesan sus debilidades como consejeros: «Simplemente le digo a la gente que se corrija. Soy demasiado fuerte, demasiado controlador, demasiado impaciente...» Ese no era mi problema. Yo simplemente hallé que demasiado a menudo no sabía qué decir.

Mi primera experiencia en conserjería fue cuando tomé un curso en terapia centrada en el cliente, el cual se basaba en la obra del psicólogo Carl Rogers. La idea de la terapia centrada en el cliente es que uno no da consejos ni hace preguntas; simplemente refrasea con empatía y congruencia lo que el cliente dice a fin de ayudarle a ahondar más. El problema fue que mi primera clienta vino contra su voluntad porque su esposo la había inscrito. (Puesto que éramos asesores estudiantes, las sesiones eran gratis.)

Después que nos presentamos, me dijo:

—Así que, ¿por qué estoy aquí?

Había una grabadora encendida, y yo sabía que mi supervisor escucharía la sesión. Se suponía que debía seguir las reglas.

—Oigo que usted se pregunta qué está haciendo aquí —dije con empatía.

—Sí —dijo ella—, ¿qué se supone que debemos hacer?

—Percibo que usted tiene curiosidad con relación a la dirección que tomarán las cosas a partir de aquí...

Desde ese momento las cosas fueron cuesta abajo, y ella dejó de venir unas pocas sesiones después.

Fue varios años más tarde, durante un internado en una clínica psiquiátrica, que me asignaron una clienta a la que llamaré Clara. Ella rondaba los treinta, tenía un año más de edad que yo, y poseía más experiencia recibiendo terapia que yo dándola. Vino con una carpeta voluminosa, y con anterioridad le habían diagnosticado lo que se llamaba una personalidad limítrofe así como también depresión.

Yo simplemente no estaba preparado para la letanía de dolor que representaba su vida y su trasfondo. Ella no había conocido a su padre biológico. Su madre estaba mentalmente enferma, era una alcohólica, y a veces la amenazaba con matarla y luego lloraba y proclamaba su amor por ella en el mismo párrafo. Tenía un padrastro que la llevó a su cama cuando tenía ocho años. Su abuelo hizo lo mismo pocos años más tarde. También su tío.

Clara no podía conservar un trabajo o sostener una amistad. Merecía mucha mejor ayuda de la que podía darle, pero no tenía con qué pagarla, y debido a que yo no había terminado mis estudios, trabajaba en una clínica con una escala de pago flexible. A veces ella era incapaz de hablar durante veinte o treinta minutos seguidos. Había intentado suicidarse tantas veces que sus muñecas tenían cicatrices que a la distancia parecían brazaletes. Su necesidad de contacto, de que se le asegurara que alguien sabía que estaba viva, era omnívora. Trabajar con una personalidad limítrofe por medio de la terapia es como tratar de salvar a una persona que se ahoga y se ha entregado al pánico.

Hablamos de Dios algunas veces. Esta mujer sabía que yo creía. Y ella también quería creer. Pero se preguntaba por qué nadie la oyó, o si Alguien en efecto la oyó, por qué no contestó.

Hablamos de Dios algunas veces. Esta mujer sabía que yo creía. Y ella también quería creer. Pero recordaba cómo oraba cuando era niña para no tener que volver a ese dormitorio. Y se preguntaba por qué nadie la oyó, o si Alguien en efecto la oyó, por qué no contestó.

Yo creo —de un modo profundo y apasionado— que la vida puede cambiar. Sin embargo, tiendo a creer esto de forma abstracta, como una idea. Yo no tenía mucha fe en que Clara pudiera cambiar debido a lo que podríamos hacer juntos. Hay muchos debates en la investigación de resultados clínicos en cuanto a lo que hace que la terapia sea eficaz, pero una de las ideas seminales que el psicoterapeuta Jerome Frank escribió en un libro titulado *Persuasion and Healing* [Persuasión y sanidad] es que el asunto crítico es si el sanador tiene fe en que la sanidad va a tener lugar. Cuando la fe está presente, puede haber resultados asombrosos. Tal cosa yace detrás, por ejemplo, de todo el «efecto placebo», el cual ha sido verificado ampliamente. Esta es la fe que yo no tenía.

No obstante, alguien la tuvo por mí. Yo estaba recibiendo la supervisión semanal de un psiquiatra veterano al que llamaré Daniel. Era viudo, un sabio de alta estatura, con canas, que había estudiado en Viena. Él era Yoda, Merlín y el Dr. Phil en uno, un hombre gentil, callado, y el mejor escucha que jamás he conocido. Me encontraba atendiendo a muchos clientes, pero debido a que el caso de Clara era tan severo, la mayor parte de nuestro tiempo la pasábamos hablando de ella.

De Daniel aprendí a mostrar empatía. Nunca he visto a nadie interiorizar más el mundo de un cliente que él. Todavía recuerdo cómo me dijo que veinte años atrás, cuando su esposa murió de cáncer, él dejó en su oficina los retratos de su esposa en los mismos lugares y no hablaba de su muerte con sus clientes. Él no quería que sus clientes más frágiles tuvieran que experimentar un sentido de cambio o pérdida en lo que para algunos de ellos era el único lugar seguro en sus vidas. No deseaba aumentar sus cargas.

Escuchó, con tristeza en los ojos, la historia de Clara. Este hombre creía en Dios y me habló de cómo oraba por los clientes que venían a él. Se interesaba. Y por medio de él yo también me interesé más. Preparamos un plan para ayudarla. Era muy modesto puesto que yo la atendería solo durante ese año de estudios avanzados. Una de nuestras metas fue sencillamente que ella pudiera pasar ese año sin ningún intento suicida.

Clara y yo terminamos juntos nuestro año, y luego yo pasé a otra rotación. La asignaron a otro estudiante de bajo costo.

No sé lo que le sucedió. Me gustaría pensar que recuperó la confianza, halló una razón para vivir, y tal vez incluso se casó.

Sin embargo, sí sé lo que le sucedió a Daniel. Un sábado por la mañana el departamento de policía respondió a una nota que recibió por correo, acudiendo a toda velocidad al garaje de Daniel y forzando la puerta para hallar su cuerpo dentro del coche, que había estado funcionando toda la noche. Daniel había dejado la nota en su buzón a una hora avanzada la noche anterior. Quería asegurarse de que la hallaran durante el fin de semana de manera que pudieran notificar a sus clientes lo sucedido para que ellos no se sorprendieran al acudir a su consultorio y hallarlo ausente.

No sé lo que sucedió dentro de Daniel que le hizo pensar que la vida no valía la pena, que Dios no podría cambiarla. Tal vez el dolor de cargar con tanta tristeza fue más de lo que pudo aguantar. Tal vez trató por mucho tiempo de llevarla solo. Tal vez tenía malos genes. Tal vez sus neuronas funcionaron con demasiada lentitud, y si hubieran contribuido, él nunca hubiera dejado la vida como lo hizo. Tal vez luchó a brazo partido durante años en una batalla contra el dolor mucho más heroica que cualquiera que yo jamás pueda librar.

Con todo, sé que Daniel se interesaba más y mucho mejor que yo. Sé que él quería ayudar de maneras que eran menos visibles y aplaudidas que las mías.

No sé por qué Dios no hizo más para ayudarlo.

El abogado del diablo

Quiero darle una mirada a este «extraño silencio de Dios». Quiero examinar con tanta honestidad como pueda por qué algunos aspectos de la vida nos hacen dudar. La iglesia medieval solía contratar a un abogado para que presentara el caso contra cualquiera que hubiera sido propuesto para la canonización. A este abogado se le llamaba «el abogado del diablo». Su propósito era proporcionarle integridad a las decisiones. La duda honesta representa el abogado del diablo que una fe honesta requiere. Escuchemos algunas de esas dudas.

Nosotros, que somos creyentes, descubrimos que vivimos en el mismo mundo que los no creyentes. Vemos las mismas circunstancias que los no creyentes. Nos entusiasmamos por los mismos ocasos, y agonizamos por las mismas multitudes de niños con hambre. Como los no creyentes, la mayoría de creyentes que conozco no afirman tener visiones, no oímos voces, no experimentamos milagros del tipo que pudieran demostrar a Dios de una forma científica, justificable. Al igual que los no creyentes, los que creemos somos atormentados por el mismo mal y el dolor del mundo, y por el mismo sufrimiento en nuestras vidas. Como ellos, muy a menudo nos desilusionamos por los cristianos. Como ellos, nos desilusionamos por la falta de progreso en nuestra propia vida y nuestro crecimiento.

Sin embargo, algunos de nosotros escogemos creer y apostamos toda nuestra existencia a un Dios que no podemos ver, no podemos tocar, no podemos oír y no podemos demostrar. Otros escogen apostar toda su existencia a la noción de que un Dios así no existe.

Algunos de nosotros escogemos creer y apostamos toda nuestra existencia a un Dios que no podemos ver, no podemos tocar, no podemos oír y no podemos demostrar. Otros escogen apostar toda su existencia a la noción de que un Dios así no existe.

Voy a hablarle de las dudas que constituyen un problema para mí. Mis dudas, por lo menos las grandes, las dudas que pertenecen a las ligas mayores, se pueden distribuir en tres categorías. Una categoría tiene que ver con la falta de evidencia. A veces quisiera que pudiera haber la misma clase de prueba para la existencia de Dios que hay para la existencia de Italia o la viruela.

Una segunda categoría incluye a los mismos creyentes. ¿Por

qué no somos mejores personas? Si lo que Jesús dijo es verdad, ¿por qué Dios no dice algo en cuanto a sus seguidores interviniendo en cruzadas, inquisiciones, quema de brujas y la esclavitud aprobada por la iglesia? ¿Y por qué algunos cristianos pueden ser negativos, dados a juzgar, hipócritas e incluso desinteresados ante aquellos miembros de nuestra sociedad que pensamos que no son como nosotros?

La tercera categoría abarca el problema del dolor. ¿Por qué tiene que haber un sufrimiento tan horrendo? ¿Por qué nos ataca de un modo tan innecesario y al azar sin explicación? ¿Por qué Dios no explica lo que está pasando, o mejor todavía, no le pone fin?

Así que permitamos que la duda hable, y entonces diré un poco más en cuanto a por qué pienso que estas dudas no tienen la última palabra. No obstante, será mejor que le diga de igual modo ahora que todavía tengo preguntas en cuanto a ellas. En otro capítulo llegaremos a la principal razón por la que tengo fe, pero no se debe a que tengo respuestas concluyentes para el extraño silencio de Dios.

1. ¿Por qué no hay más pruebas?

Si Dios está allí, ¿por qué no hace más ruido? Si que creamos en Dios es tan importante para él, ¿por qué no se hace a sí mismo más obvio? ¿Por qué no abre simplemente las nubes y escribe su nombre en el cielo? ¿Por qué no nos da pruebas y evidencias más contundentes? ¿Es acaso introvertido? ¿Acaso él, como Greta Garbo, quiere que se le deje en paz?

Uno de los ateos más famosos del siglo pasado fue Bertrand Russell. Cuando tenía noventa años tuvo un encuentro famoso con una mujer en una fiesta. La mujer le dijo: «Señor Russell, usted no es solo el ateo más famoso del mundo; tal vez es el ateo más viejo del orbe. Pronto morirá. ¿Qué hará si, después de morir, resulta que Dios existe? ¿Qué hará si se encuentra cara a cara con este Dios al que ha desafiado toda su vida?»

Bertrand Russell le respondió que señalaría a Dios con el dedo y le diría: «Usted, señor, nos dio una evidencia insuficiente».

Woody Allen tiene una sugerencia más concreta. Él afirma que creería en Dios si simplemente le diera una señal inequívoca, como depositar una elevada suma en una cuenta bancaria en Suiza a nombre de Woody.

Un filósofo ateo llamado Norwood Russell Hanson dijo: «No soy un tipo obstinado. Me convertiría en un teísta, un creyente, bajo algunas condiciones. Tengo la mente abierta». Luego pasó a exponer las condiciones bajo las cuales creería:

> [Supongamos] que el próximo martes de mañana, justo después del desayuno, a todos nosotros en este mundo nos hace caer de rodillas el retumbar de un trueno fulminante y atronador. La nieve se arremolina, las hojas caen de los árboles, la tierra tiembla y se abre, los edificios se derrumban y las torres caen. El firmamento se enciende con una ominosa luz plateada, y justo entonces, mientras toda la gente de este mundo mira hacia arriba, los cielos se abren y las nubes se apartan, revelando a una figura increíblemente radiante e inmensa tipo Zeus levantándose sobre nosotros como cien Everest. Él frunce el ceño de manera sombría mientras los relámpagos iluminan los rasgos de su cara a lo Miguel Ángel, y entonces señala hacia abajo, a mí, y explica para que todo hombre, mujer y niño lo oiga: «Ya estoy harto de tu lógica supuestamente ingeniosa destrozando y vigilando las palabras en cuestiones de teología. *¡Ten la seguridad, Norwood Russell Hanson, de que yo con toda certeza existo!*»

Sí, pienso que eso también captaría mi atención. Sería suficiente con tener una visión de un Dios mostrando rasgos a lo Miguel Ángel, pero que él lo llame a uno por su nombre de pila haría que volteáramos la cabeza, sin dudas.

A menudo tengo la fantasía de tener un poderoso encuentro místico que resuelva de una vez por todas cada una de las cuestiones sobre la fe. No obstante, para aquellos que tienen dudas, esto no parece funcionar así. Algunos vienen a la montaña, oyen el trueno, ven el humo y los relámpagos, y pocos meses más tarde están quejándose por tener que acampar en el desierto y lamentándose de que sería preferible volver a Egipto y la esclavitud debido a las cebollas y los puerros. Tal vez Dios tiene sus razones para el silencio.

Pienso en Agnes. Desde que era niña, Agnes creía. No simplemente creía, sino que lo hacía con pasión. Quería hacer grandes cosas para Dios. Ella dijo que quería «amar a Jesús como nadie nunca lo había amado». Sabía que Jesús estaba con ella, y tenía un innegable sentimiento de que él la llamaba. Escribió en su diario: «Mi alma al presente está en perfecta paz y gozo». Experimentaba una unión con Dios tan profunda y continua que para ella era un éxtasis. Dejó su casa, se hizo misionera, y le entregó todo a él.

Y entonces Dios la abandonó.

Por lo menos, así es como ella lo sintió. *¿Dónde está mi fe?*, se preguntaba. *Incluso muy adentro no hay nada sino vacío y oscuridad ... Dios mío, qué doloroso es este dolor desconocido ... No tengo fe.* Ella trató de orar: «Pronuncio palabras de oraciones de comunión, y hago todo lo que puedo para extraerle a cada palabra la dulzura que tiene para dar. Pero mi oración de unión ya no está allí. Ya no oro».

Por fuera ella trabajaba, servía, sonreía. Sin embargo, hablaba de su sonrisa como de su «máscara, un vestido que lo cubre todo».

Esta oscuridad, sequía interna y dolor por la ausencia de Dios continuó, año tras año, con un breve respiro, durante casi cincuenta años. Tal fue el dolor secreto de Agnes, quien es más conocida como la Madre Teresa.

Las cartas que expresaban su tormenta interior fueron un secreto durante su vida, y ella pidió que se destruyeran. No obstante, algo extraño ocurrió. Su disposición a persistir frente a dudas tan agonizantes ofrece un consuelo y una fuerza tales a las personas que una vida de comodidad y certeza jamás podría brindar. Así como en su vida ella sirvió a los pobres, en su angustia ha llegado a ser una misionera para los que dudan.

¿Cómo debemos entender esto? Tal cosa debería advertirnos en cuanto a las fórmulas fáciles que nos garantizan hacernos sentir más cerca de Dios. Hay un viejo dicho: «Si ya no te sientes cerca de Dios, ¿quién se movió?» Esa pudiera haber sido una buena pregunta para que Natán se la hiciera a David después de todo el asunto relacionado con Betsabé. Sin embargo, yo no quisiera tener que preguntársela a la Madre Teresa.

Tener un poderoso encuentro místico resolvería de una vez por todas cada una de las cuestiones sobre la fe. No obstante, para aquellos que tienen dudas, esto no parece funcionar así. Tal vez Dios tiene sus razones para el silencio.

Algunos, por supuesto, ven esto como si la Madre Teresa simplemente estuviera embistiendo contra la realidad de que Dios no está allí en verdad después de todo. «Ella no estaba más exenta de darse cuenta de que la religión es una fabricación humana que cualquier otra persona, y que su intento de cura de cada vez más profesiones de fe podría solo haber ahondado el abismo que ella había cavado para sí misma», escribe Christopher Kitchens. Richard Dawkins les advertía a todos que no se dejaran «seducir por la hipócrita santurrona Madre Teresa». Esto, dicho sea de paso, me parece una mala estrategia. Si uno está tratando de convertir a la gente al ateísmo, criticar a la Madre Teresa no puede ser la mejor táctica.

Con todo, la Madre Teresa no tenía esta comprensión negativa. Ella no rechazó a Dios, pero tampoco superó su dolor por el silencio de Dios. Más bien, de una manera extraña, este llegó a ser parte de ella. Un sabio consejero espiritual le dijo tres cosas que necesitaba oír. Una fue que no había remedio humano para esta oscuridad. (Así que ella no tenía que sentirse responsable por la misma.) Otra fue que «sentir» la presencia de Jesús no era la única y ni siquiera la principal evidencia de su presencia. (Jesús mismo dijo que por sus frutos, no por su certeza, se les conocería.) Es más, el mismo anhelo de Dios era una «señal segura» de que Dios estaba presente, aunque de una manera oculta, en su vida. Y el tercer consejo sabio consistió en explicarle que el dolor que ella estaba atravesando podría ser redentor. Jesús mismo tuvo que experimentar la agonía de la ausencia de Dios: «Dios mío, Dios mío, ¿por qué me ha desamparado?» Y así como su sufrimiento fue redentor para nosotros, del mismo modo la Madre Teresa podría sufrir de una forma redentora aferrándose a Dios en medio de la oscuridad.

Aun así, ¿qué bien puede traer el silencio de Dios para nosotros... para mí?

A principios del año pasado tuve un día memorable. Mi hija se graduó de la universidad, yo cumplí cincuenta años, y hablé en su ceremonia de graduación... todo el mismo día. Sin embargo, la línea más memorable del día no incluyó nada de eso. Un hombre llamado David Winter había sido presidente de esa universidad por más de un cuarto de siglo. Hacia el fin de su término, contemplando su jubilación, sufrió una enfermedad que en un período de tres semanas le privó de la vista. Al dirigirnos a la plataforma de graduación, otra persona tuvo que sostenerlo del brazo para guiarlo. Y en sus palabras de saludo a los estudiantes y padres dijo: «Nunca duden en la oscuridad de lo que Dios les ha mostrado en la luz».

Esto se convirtió en el último y gran don de la Madre Teresa para el mundo.

Tal vez hay alguna razón por la que Dios no se asoma en el cielo con una cara gigante a lo Miguel Ángel y hace una demostración de fuerza. Tal vez la meta de Dios para la raza humana es más que simplemente conseguir que la gente admita que él existe. (El autor Robert Nozick hace notar cuán a menudo deseamos poder coaccionar a la gente para que crea ciertas cosas; hablamos de *derribar* argumentos y de *ataques* de la lógica. «Tal vez los filósofos necesitan argumentos tan poderosos que disparen reverberaciones en el cerebro: si la persona se rehúsa a aceptar la conclusión, se *muere*. ¿Qué tal esto como argumento poderoso?») *Obligar* a las personas a admitir que Dios existe en realidad no resuelve el problema básico de la raza humana. Incluso si la gente admite que Dios existe, el problema del corazón humano persiste.

Obligar a las personas a admitir que Dios existe en realidad no resuelve el problema básico de la raza humana. Incluso si la gente admite que Dios existe, el problema del corazón humano persiste.

Por ejemplo, imagínese que usted va conduciendo por la calle y ve a un patrullero blanco y negro en una esquina cercana. De repente se percata de que su intención de obedecer el límite de velocidad aumenta. Pero no es porque su corazón haya cambiado. Usted no ha descubierto de repente que sus profundas convicciones internas en cuanto al modo de conducir hayan cambiado y se encuentre amando la existencia de un límite de velocidad. No. Simplemente está evitando el dolor. Si el agente lo detiene –y no pretenda que esto nunca le ha sucedido– tal vez incluso en lo más íntimo de su corazón llegue a albergar malos pensamientos hacia él.

Tal vez se descubra pensando: *Hay asesinos y ladrones por ahí. Él debería estar persiguiendo a los chicos malos ahora en lugar de estar fastidiando a un ciudadano honesto y que paga impuestos como yo.* O tal vez se halle pensando: *Probablemente él tiene una cuota que llenar. Conozco a esa gente. Tienen sus cuotas, y quizás él tiene que cumplirla.* Algunas de ustedes incluso tratarán de flirtear con el agente para evitar que le pongan una multa. Alguien de mi propio matrimonio —no yo— en realidad ha hecho eso.

Lo que sucede es que nuestra propia oscuridad y preocupación nos impide ver al agente de la ley de manera objetiva como lo que es. Estamos proyectando en él nuestros propios temores, nuestros propios deseos, nuestro propio egoísmo y nuestra propia oscuridad. Todas estas cosas filtran la forma en que vemos a ese ser humano. Esto sucede todo el tiempo con nosotros y afecta todas nuestras relaciones personales.

Ahora bien, cuando se trata de ver a Dios, multiplique esto mil veces y empezaremos a percibir parte del problema de Dios al tratar con la raza humana. Los escritores de las Escrituras lo dicen de esta manera: «Nadie puede ver la cara de Dios» (véase Éxodo 33:20).

¿Qué quieren ellos decir cuando afirman que nadie puede ver la cara de Dios? Quieren dar a entender que no podemos ver a Dios como él es. No somos capaces de esto. De modo inevitable proyectamos en Dios nuestra condición caída.

Así que simplemente lograr que las personas crean en la existencia de Dios o en la existencia de lo sobrenatural no sirve. La gente puede creer en lo sobrenatural, pero aun así llevar vidas que son un desastre moral o espiritual. Santiago lo dice de esta manera: «¿Tú crees que hay un solo Dios? ¡Magnífico! También los demonios lo creen, y tiemblan» (Santiago 2:19). ¿Creen estos demonios que el único Dios es bueno, justo, equitativo y amoroso? ¿Creen estos demonios acerca de este Dios lo mismo que Jesús creía acerca de su Padre? No. Ni en sueños.

Dios parece presentársenos de una manera tal que las personas que quieran descartarlo puedan hacerlo. Al parecer les da un espacio. Los que no quieren que Dios exista encuentran alguna manera de creer que no hay Dios. Blas Pascal dijo que hay suficiente luz para los que quieren verla y suficiente oscuridad para los de diferente persuasión.

2. ¿Por qué no existe un mejor producto?

A veces me preocupo con relación a la existencia de Dios cuando pienso en sus partidarios. Si el cristianismo es verdad, ¿por qué los cristianos no ofrecen una mejor publicidad? ¿Y por qué Dios no habla al respecto?

Esta objeción toma una forma fuerte. Sam Harris, que escribió *Letter to a Christian Nation* [Carta a una nación cristiana] y *The End of Faith* [El fin de la fe], aduce que la religión en realidad es la mayor amenaza a la civilización y la supervivencia humana. Este ha sido un tema común desde el 11 de septiembre y el surgimiento de la amenaza de ataques terroristas. Fueron personas creyentes las que encabezaron las cruzadas, la inquisición y los juicios de brujas en Salem. Fueron creyentes los que usaron la Biblia para defender la esclavitud y los que todavía la usan para defender la subyugación de las mujeres. Un ateo llamado Steven Weinberg lo dice de esta manera: «La gente buena hace cosas buenas, y la gente mala hace cosas malas, pero conseguir que personas buenas hagan cosas malas, exige la religión». Muchas cosas horribles se han hecho en el nombre de Dios, incluso en el nombre del Dios de la Biblia. De nada sirve minimizar estas ofensas o intentar justificarlas. El mismo apóstol Pedro escribió: «Porque es tiempo de que el juicio comience por la familia de Dios» (1 Pedro 4:17).

Una pregunta que me ayuda a resolver mis dudas es esta: ¿Fueron estas horribles atrocidades un resultado de las enseñanzas de Jesús o violaciones de ellas? Jesús dijo: «Ama a tus enemigos». Jesús dijo: «Bendice al que te persigue». Jesús dijo: «Cuando alguien te golpea, vuélvele la otra mejilla». Jesús dijo en la cruz: «Padre, perdónalos porque no saben lo que hacen».

Otra pregunta que parece importante es: ¿Le ha ido mejor a la raza humana en las sociedades que procuran eliminar la fe por completo?

Los mayores baños de sangre en la historia de la raza humana se registraron en el siglo veinte en países que procuraron eliminar a Dios, la adoración y la fe. Se piensa que Stalin fue responsable de veinte millones de muertes. Mikhail Gorbachev eleva esa cifra a cerca de treinta y cinco millones. Un libro reciente informó que solo Mao Tse-tung, en China, fue responsable de algo así como setenta millones de muertes. Hitler, en la Alemania nazi, fue responsable de alrededor de diez millones de muertes. El Pol Pot, en Camboya, impuso un régimen ateo en donde se calcula que el veinte por ciento de la población de todo el país fue masacrada bajo su mano. Elie Wiesel, que perdió su familia en el Holocausto, escribió: «La ausencia programática de un Dios, o por lo menos la ilusión de oponerse a su presencia, conduce de modo sistemático al horror».

A veces realizo un pequeño experimento mental. Imagínese una sociedad sin religión, sin fe, sin Dios. (Se ha intentado.) ¿Parece probable que en esa sociedad nadie vaya a codiciar el dinero de otro, nadie vaya a ambicionar la casa de otro, o la esposa de otro hombre, y que las personas cuyos matices de piel son diferentes de pronto se vayan a convertir en servidoras dedicadas los unos de los otros? ¿Que el problema de la «otredad» de repente se vaya resolver? Es difícil imaginarse que simplemente porque se elimina la religión, los codiciosos se convertirán en gente generosa, la gente colérica se convertirá en misericordiosa, se cancelará a Jerry Springer, y todos respaldarán a la televisión pública y escucharán la radio estatal.

Imagínese una sociedad sin religión, sin fe, sin Dios. (Se ha intentado.) ¿Se va a resolver de repente el problema de la «otredad»?

Las cruzadas y la inquisición no producen grandes dudas

en mí, porque temo más lo que la sociedad puede llegar a ser sin fe. Mis dudas aquí surgen de una fuente más mundana. A veces me hallo pensando que tendría más certeza en cuanto a la fe si ella produjera con regularidad un mejor tipo de ser humano. El escritor David Kinnaman titula a su reflexivo libro *Unchristian* porque su investigación revela que la mayoría de las personas fuera del cristianismo ven a los cristianos como caracterizados por ser gente «incristiana». Un entrevistado lo dijo de esta manera: «La mayoría de las personas que conozco dan por sentado que *cristiano* quiere decir muy conservador, atrincherado en su pensamiento, antihomosexual, antiaborto, colérico, violento, ilógico, constructores de imperio; los cristianos quieren convertir a todos, y por lo general no pueden vivir en paz con nadie que no crea lo que ellos creen».

Y qué decir de los predicadores. No me hagan hablar. Frederick Buechner ha escrito: «Tal vez no hay mejor prueba de la existencia de Dios que la forma en que año tras año él sobrevive a la manera en que sus amigos profesionales lo promueven».

Por supuesto, cualquier creyente le podría decir que estaríamos mucho peor librados a nosotros mismos. La autora Evelyn Waugh era una católica que estaba alejada de un modo bastante deplorable de las normas de su fe. Alguien le preguntó una vez: «¿Cómo puedes llamarte católica y comportarte tan mal, ser tan cruel, tan insociable y tan rencorosa?»

Waugh respondió: «Simplemente imagínate cómo sería si no fuera católica».

Y lo sé... los no creyentes son hipócritas también. Esta es la condición humana. La hipocresía es el tributo que la virtud le paga al vicio, dice el viejo dicho. Pero con todo...

He estado entre creyentes toda mi vida. En lo personal, esta objeción de «cristianos incristianos» es un gran problema para mi fe. Sé que hay explicaciones. Por ejemplo:

—Solo Dios ve el corazón.

—Jesús prefirió estar con los pecadores a estar con los santos, que después de todo fueron los que lo crucificaron.

—No todo el que llama «Señor» a Jesús es en realidad un seguidor.

—Las ideologías alternas, desde el marxismo hasta el psicoanálisis, no han encendido al mundo.

«Que el psicoanálisis no ha hecho a los mismo analistas mejores, más nobles o de carácter más fuerte sigue siendo una desilusión para mí», le escribió Freud a un amigo. «Tal vez me equivoqué al esperarlo».

Sin embargo, yo tengo que decir que, en mi estado de ánimo más sombrío, el bajo porcentaje de cristianos que en realidad parecen avanzar por la senda para llegar a ser «nuevas criaturas» es un problema para mi fe.

Y la falta de progreso que más me fastidia es la mía propia.

3. ¿Por qué no terminar con el dolor?

He aquí una pregunta más: Si en realidad hay un Dios que es todo amor, todopoderoso, bueno y competente supervisando el universo, ¿por qué existe tanto mal, tanto sufrimiento y tanto dolor? ¿Por qué hay desastres naturales como los tsunamis y los terremotos, accidentes como los choques de automóviles y los incendios, enfermedades como los ataques cardíacos, el cáncer, el Alzheimer y la esclerosis múltiple? ¿Por qué no oímos de Dios, por qué no recibimos su ayuda en estos valles de dolor humano? Steven Weinberg dice: «El Dios de las aves y los árboles tendría también que ser el Dios de los defectos de nacimiento y el cáncer».

Esta cuestión en cuanto al silencio de Dios es tan antigua como la creencia en él. Un filósofo llamado Diágoras fue el más famoso ateo de Grecia en el siglo quinto a.C. Alguien una vez le señaló una exhibición de cuadros que mostraban a los dioses trabajando. «¿Piensas que los dioses no se interesan por el hombre? Mira todos los cuadros de los que han escapado de las tempestades al orar a los dioses pidiendo socorro». Diágoras respondió: «Sí, es verdad, ¿pero dónde están los cuadros de todos los que sufrieron naufragios y perecieron en las olas?»

Las personas a veces dejan a un lado la cuestión del sufrimiento sin contestación contando cómo Dios intervino en sus circunstancias trágicas y las salvó. Sin embargo, hay vacíos en sus historias.

Un amigo mío casi se ahoga junto con su hijo hace poco. Los arrastró una implacable resaca en una playa en la que no se encontraba nadie más que su familia. Cuando se dio cuenta de contra qué estaban luchando, pensó en cómo sus familiares iban a verse frente a un doble funeral, y que a lo mejor ni siquiera podían hallar sus cadáveres.

Su primo se percató de su lucha y entró para señalarles hacia dónde debían nadar. A la larga, a duras penas lo lograron. Los esfuerzos de mi amigo para llegar a la orilla fueron tan hercúleos que sus riñones dejaron de funcionar, y en efecto tuvo que someterse a diálisis por un tiempo. (Y eso que era un decatleta olímpico, así que se necesitaba mucho para agotar su cuerpo.)

Unos pocos de sus amigos que vinieron a orar por él dijeron que simplemente sabían que Dios restauraría sus riñones; ellos sabían que Dios tenía planes de salud y vitalidad para él. Mi amigo se preguntaba, mientras iba a recibir el tratamiento, sobre las otras personas que habían estado en diálisis durante años. ¿Acaso Dios no tenía buenos planes de vitalidad para ellos? ¿Cómo sabían eso sus amigos en cuanto a él? ¿Y qué tal de todo el resto del sufrimiento que sigue su curso sin alivio? ¿Tanto para creyentes y no creyentes?

Las personas a veces dejan a un lado la cuestión del sufrimiento sin contestación contando cómo Dios intervino en sus circunstancias trágicas y las salvó. Sin embargo, hay vacíos en sus historias.

Es asombroso que en algunas religiones el mal y el sufrimiento no constituyan una base para un problema intelectual. En el hinduismo, por ejemplo, el sufrimiento es el resultado de un mal karma procedente de una vida previa. Si uno sufre en esta vida, está resolviendo las malas decisiones que hizo en una vida pasada. En el budismo, se entiende que tanto el sufrimiento como la alegría son ilusorios, el resultado del deseo humano. Buda dijo que la verdadera iluminación incluye la conciencia de que el yo no existe. Una vez que uno entiende que no tiene yo, no hay razón para evitar el dolor. (No tener un yo también es útil cuando el departamento de impuestos trata de hacerle una auditoría.)

Hay mucho en cuanto a esta pregunta que no entiendo. Sin embargo, un hombre, cuyo hijo murió escalando una montaña cuando tenía veinticinco años, dijo que lo que llegó a ver fueron «lágrimas, un Dios que llora, sufriendo por mi sufrimiento. No me había dado cuenta de que si Dios ama al mundo, Dios sufre. Yo había supuesto de forma irreflexiva que Dios amaba sin sufrimiento. Sabía que el amor divino era la clave. Pero no me había percatado de que el amor divino que es la clave es un amor que sufre».

Jesús nos presentó a un Dios que sufre, algo en lo que el mundo nunca antes había pensado. No tengo todas las respuestas, pero sí sé estas cosas.

Me impacta no solo lo que se pudiera llamar el «extraño silencio de Dios», sino también lo que se pudiera denominar el «silencio del ateísmo» o el «silencio del no Dios». Ese no es un silencio extraño. Ese silencio no es un rompecabezas, ni un acertijo. Ese silencio es uno que dice: «Esto es todo lo que hay. Simplemente silencio». Nada de respuesta, ni significado, ni nada.

Cuando se apuesta la vida

Tal vez nos guste el silencio, tal vez no hayamos escogido tener preguntas no contestadas, pero debemos escoger cómo vamos a comprenderlas, a qué vamos a apostar nuestras vidas. Le invito a considerar dos alternativas y sus consecuencias. Una de ellas, para parafrasear al ateo Bertrand Russell, es: «Usted es el producto de causas que no tienen ni propósito ni significado. Su origen, su crecimiento, sus esperanzas, temores, amores y creencias son el resultado de colecciones accidentales de átomos. Nada de pasión, heroísmo, o intensidad de pensamiento o sentimiento pueden preservar su vida más allá de la tumba. Toda la devoción, toda la inspiración, todo el trabajo de todos los siglos están destinados a la extinción en la vasta muerte del sistema solar. Todo el templo de logro humano debe inevitablemente quedar sepultado en los escombros de un universo en ruinas. Eso es a lo que todos nos encaminamos».

> *Todos tenemos el sentimiento, no solo de que la vida es dura, no solo de que debemos sufrir. Tenemos el sentimiento no solo de que las cosas son malas, sino de que las mismas no son como se supone que deberían ser.*

O puede escoger esta: «Usted es la creación diseñada en forma única de un Dios totalmente bueno e indeciblemente creativo. Fue hecho a su imagen, con una capacidad para razonar, escoger y amar, la cual le coloca por encima de todas las otras formas de vida. Usted no solo sobrevivirá a la muerte, sino que fue hecho para llevar un peso eterno de gloria que ahora ni siquiera puede imaginarse y que un día conocerá».

Debe decidir a cuál alternativa va a apostarle su vida.

Una caricatura en el *San Francisco Chronicle* ilustra esta verdad de una manera maravillosa. Dos ateos van de puerta en puerta presentando sus creencias religiosas. Se encuentran frente a una puerta abierta, y el hombre que está adentro dice: «Este folleto está en blanco». Ellos responden: «Somos ateos».

Si no hay Dios, no hay historia. No hay nada que escribir, ni pautas, ni indicadores. Nada determina ninguna diferencia. ¡Haga lo que se le antoje! El folleto está en blanco. El universo está en silencio.

El mero hecho de que el ateísmo pudiera ser deprimente no quiere decir que sea falso. Si es verdad, a lo mejor deberíamos reconocerlo ahora.

No obstante, todos tenemos el sentimiento, no solo de que la vida es dura, no solo de que debemos sufrir. Tenemos el sentimiento no solo de que las cosas son malas, sino de *que las mismas no son como se supone que deberían ser.* No se *supone* que los niños crezcan sin nadie que los cuide, que nadie provea para su educación y salud simplemente porque tienen el color de la piel diferente. No se *supone* que a las mujeres se las maltrate. No se *supone* que los papás mueran de cáncer cuando tienen cuarenta años y sus hijos son pequeños.

Si el universo es una máquina, un gigantesco accidente, una indiferencia ciega y cruel, *¿de dónde sacamos la idea de que existe una manera en que se supone que las cosas deben ser?*

Este es un ejemplo muy sencillo. No es filosóficamente profundo, pero me ayuda a pensar en cuanto a esto de una manera sencilla: Una mujer que conozco, llamada Sheryl, fue a un salón de belleza para que le hicieran la manicura en sus uñas. Cuando la empleada empezó el trabajo, entabló una muy buena conversación sobre muchos temas. Cuando a la larga tocaron el tema de Dios, la cosmetóloga dijo:

—Yo no creo que Dios exista.

—¿Por qué dice eso? —pregunto Sheryl, que sufre de esclerosis múltiple.

—Pues bien, uno simplemente tiene que salir a la calle para darse cuenta de que Dios no existe. Dígame, si Dios existiera, ¿habría tantos enfermos? ¿Habría niños abandonados? Si Dios existiera no habría ni sufrimiento ni dolor. No puedo imaginarme amar a un Dios que pueda permitir todas estas cosas.

Sheryl se quedó pensativa por un momento. No respondió porque no quería empezar una discusión. Así que la cosmetóloga terminó su trabajo y Sheryl se fue.

Poco después de salir del salón de belleza, vio a una mujer en la calle con el pelo largo, revuelto y sucio. Se veía mugrosa y desarreglada. Sheryl regresó, entró en el salón de belleza de nuevo, y le dijo a la empleada:

—¿Sabe una cosa? Las cosmetólogas no existen.

—¿Cómo puede decir eso»? —preguntó la sorprendida cosmetóloga—. Yo estoy aquí. Acabo de arreglarle las uñas. Yo existo.

—No —exclamó Cerril—, las cosmetólogas no existen... ¡porque si existieran no habría gente con el pelo sucio, largo y con un aspecto tan mugriento como la mujer que está allá afuera!

—Ah, pero las cosmetólogas en efecto existen —contestó ella—. El problema es que la gente no viene a verme.

Exactamente.

El principal problema con la duda, cuando la misma se vuelve tóxica, no es lo que ella nos hace. Es lo que nos impide hacer.

8

Cuando la duda se echa a perder

La vida es simplemente un truco sucio de la nada a la nada.

Ernest Hemingway

Si se me preguntara quién forjó en gran medida mi fe durante mis años más formativos, la respuesta sería fácil. Fue un profesor de griego de mediana edad en mi universidad llamado Jerry Hawthorne. Él tenía abundante pelo rojo, así que lo llamábamos *Megas Rodos*, que en griego quiere decir Rojo Grande.

Aprender el griego koiné a las ocho de la mañana tal vez les suene tedioso a algunos. Sin embargo, era una experiencia destacada de la vida para el círculo de compañeros con los que andaba: Chuck, un estudiante de premedicina que llegó a ser mi primer y mejor amigo cuando teníamos quince años; Kevin, con el que andábamos porque era divertido y encantador, y esperábamos conquistar a las chicas que él desechaba; Tommy, que podía hacer reír a una piedra; y Ox, un estudiante de leyes que tenía el don de quedarse dormido en clase sin que lo notaran y aun así conseguir calificaciones sobresalientes. Solíamos decir que Ox un día pronunciaría sus alegatos y resumiría: «Su señoría, la defensa termina. Zzzzzz...»

Con el tiempo llegamos a ser no solo estudiantes de Megas Rodos, sino también sus amigos. Comíamos rosquillas juntos los miércoles por la mañana cuando la asistencia a la capilla no era obligatoria (la asistencia a la capilla los demás días era monitoreada por estudiantes a los que cariñosamente se les conocía como «espías de capilla») y otras mañanas cuando estábamos usando nuestros días de permiso. Los viernes por la tarde no reuníamos en la unión estudiantil. Alguien preparaba un ensayo (no para la clase, sino simplemente por la alegría de aprender), y todos debatíamos al respecto. Rojo Grande nos invitaba a su casa. Siguió nuestras carreras, ofició en nuestras bodas, nos guió hacia nuestros estudios superiores, y les advertía a nuestras novias y después a nuestras esposas con respecto a nosotros.

Era el peor narrador de chistes que jamás he conocido. Estropeaba la parte graciosa antes de llegar a terminar el cuento, interrumpiéndose repetidamente, sonrojándose de manera anticipada por lo divertido que iba a ser, y luego de manera inmisericorde le enterraba su huesudo codo a cualquiera que estuviera sentado junto a él para recabar más risa. Repetía las rutinas de Monty Python con un horriblemente inepto acento británico en falsete. Su favorita incluía a una esposa británica de edad mediana demostrándole a otra mujer que conocía al existencialista francés Jean-Paul Sartre al llamar por larga distancia a la casa de Sartre y ser atendida por su esposa:

«Hola, ¿estoy hablando con la casa de Jean-Paul Sartre?»

(La Sra. Sartre): «Sí».

«¿Está disponible Jean-Paul?»

(La Sra. Sartre): «¡Eso es lo que él ha estado tratando de imaginarse durante treinta años, querida! Ja, ja, ja, ja...»

Todos lo queríamos mucho. Había algo en su carácter, algo en la manera en que él tomaba tanto a su materia como a sus estudiantes tan en serio, algo en cuanto a su sentido concreto del humor y su profunda humildad ante Dios, que hacía que todo el que estuviera a su alrededor quisiera ser una mejor persona. Nos introdujo a los grandes eruditos y los grandes libros. Era la clase de persona que, por el puro influjo de su carácter, hacía que uno se avergonzara de hacer menos que el mayor esfuerzo.

Una vez dos de nosotros nos metimos a escondidas en su oficina y robamos algunos de sus papeles membretados. Le escribimos una nota a uno de sus estudiantes que se había perdido algunas clases. La nota, en nuestro mejor estilo hawthorniano, era una disculpa por no haber enseñado mejor, por haber defraudado al estudiante. Luego nos escondimos fuera de su oficina para ver cuando el estudiante entraba corriendo: «Ay no, Dr. Hawthorne, usted no me defraudó. ¡Yo soy quien lo ha defraudado! ¡Pero no voy a faltar a ninguna otra clase!» Pobre Rojo Grande, por supuesto que no tenía ni la menor idea de lo que había motivado ese quebrantamiento.

Durante años siempre que conozco a personas que se han graduado de mi universidad, les he preguntado quién influyó más en ellas. Un nombre se repite una y otra vez. Nadie ni siquiera se acerca al segundo lugar.

Rojo Grande abrió un mundo de preguntas que nunca había encontrado en mi iglesia bautista al crecer. Cada pregunta me condujo a más preguntas, pero también me llevó a tener más fe. Tal vez si Dios pudo usar a personas reales para escribir las Escrituras, tal vez si Jesús en realidad vino como un hombre antes que como un superhéroe con su capa escondida a sus espaldas, tal vez la vida con Dios sería más posible para alguien como yo de lo que me hubiera atrevido a pensar. Poder pensar, y hurgar, y dudar, y preguntar, hace para mí a la fe una cosa viva, que respira. Uno puede plantar la semilla de mostaza de la fe en una vasija plástica con tierra para empezar, pero a la larga tiene que ponerla en la ancha tierra en donde tiene el espacio para extenderse, pues podría morir al tener demasiado confinamiento. Esta es tal vez una extraña manera de decirlo, pero Rojo Grande me enseñó cómo la duda puede hacerme un mejor creyente.

Un estudiante que asistió a Wheaton unos pocos años antes que yo había venido del Instituto Bíblico Moody (en donde, como dice el dicho, «Biblia es nuestro segundo nombre»). Le habían advertido que Wheaton pertenecía al bando liberal. Él también llegó a ser un estudiante de Jerry Hawthorne. Él también logró ensanchar su mente por medio de las preguntas y el estudio.

Sin embargo, en el caso de este estudiante, las preguntas condujeron a que su fe se derrumbara. Se llama Bart Ehrman, y cuenta su historia en su libro *Misquoting Jesus* [Citando erróneamente a Jesús], un éxito de librería del *New York Times*, así que no estoy revelando nada nuevo. En el mismo cuenta cómo Jerry influyó en su vida como erudito, maestro, y a la larga amigo. Habla de cómo le impactó el que Jerry no tuviera miedo de hacer preguntas en cuanto a su fe... una tendencia que a Bart le pareció una debilidad.

Con el tiempo, Bart empezó a hacer preguntas también. No obstante, la noción de que la Biblia tuviera un lado humano le parecía una prueba de que no podía ser divina. La única alternativa al fundamentalismo simplista pareció ser para él rechazar por completo a Dios. El mismo maestro y las mismas preguntas que profundizaron mi fe derrumbaron la suya. Por un tiempo se describió a sí mismo como un «agnóstico alegre»; más recientemente se cataloga como un ateo. Ahora encabeza el departamento de estudios religiosos en la Universidad de Carolina del Norte en Chapel Hill, lo que a mí me parece una ocupación extraña para un hombre que no cree en Dios, pero sé que él ha pensado largo y tendido y dolorosamente en las preguntas importantes y quiere señalar la verdad.

Bart y yo asistimos a la misma universidad, admirábamos al mismo maestro, nos perturbaban y emocionaban las mismas preguntas, y estuvimos expuestos al mismo aprendizaje. Sin embargo, esas experiencias condujeron al crecimiento de la fe en uno y al crecimiento de la duda en el otro. No sé por qué.

Él y yo admirábamos al mismo maestro, nos perturbaban y emocionaban las mismas preguntas, y estuvimos expuestos al mismo aprendizaje. Sin embargo, esas experiencias condujeron al crecimiento de la fe en uno y al crecimiento de la duda en el otro.

A veces la duda puede ser buena para nosotros. Puede motivarnos a estudiar y aprender. Puede purificar las falsas creencias que se han introducido subrepticiamente en nuestra fe. Puede humillar nuestra arrogancia. Puede brindarnos paciencia y compasión hacia otros que dudan. Puede recordarnos cuánto importa la verdad. Martín Lutero, que fue el campeón de la importancia de la fe, pero luchó con la duda él mismo, insistía en que el orgullo —no la duda— es lo opuesto a la fe.

No obstante, la duda puede echarse a perder; la duda puede cuajarse como la leche estropeada. La duda puede filtrarse desde la mente hasta la voluntad y bloquear el valor y la devoción. Puede dañar nuestra capacidad de perseverar. Puede hacernos indecisos. Puede erosionar la confianza. En Polonia, el movimiento Solidaridad tenía un lema memorable: «Pesimismo de la mente, optimismo de la voluntad». Ellos entendían que se enfrentaban a la incertidumbre en cuanto al resultado, pero se rehusaban a permitir que la incertidumbre de su éxito debilitara la fuerza de su devoción.

Los terapeutas a veces hablan de una «ganancia secundaria» cuando analizan los problemas. Por ejemplo, un muchacho puede sufrir de una enfermedad psicosomática. Un terapeuta astuto nota todas las maneras en que el chico se beneficia por estar enfermo: se queda en casa y no va a clases, recibe el tierno cuidado de su mamá, no tiene que hacer tareas escolares y puede ver la televisión, y se convierte en el centro de atención. Su enfermedad es real para él, pero no es causada puramente por gérmenes. Si somos honestos al respecto, nuestras dudas pueden producir ganancias secundarias también. Así que veamos algunas de las maneras en que la duda se echa a perder, así como la «ganancia secundaria» que está detrás de ella.

El escéptico

El escéptico es alguien que dice: «Voy a suspender el juicio. No voy a comprometerme, porque la demanda de una evidencia suficiente todavía no ha sido satisfecha». Este razonamiento puede sonar objetivo o racional, pero la dinámica que yace debajo de la superficie en el escéptico es esta: «No quiero equivocarme. No quiero ser lastimado. No quiero parecer ingenuo». Debajo de la superficie del escéptico se encuentra el temor... el temor de verse defraudado. El escéptico dice: «Prefiero quedarme en las líneas laterales y parecer un observador inteligente que arriesgarme a confiar. Renunciaré a todo lo que pudiera resultar de esa confianza».

Mi historia favorita acerca de un escéptico tiene lugar en el tiempo de la Revolución Francesa, durante el «reinado del terror». La gente era ejecutada a diestra y siniestra. Tres hombres esperaban que se llevara a cabo su ejecución. El primero era un sacerdote. Cuando lo llevaban a la guillotina, le preguntaron: «¿Quieres decir algunas últimas palabras?» Él respondió: «Creo firmemente que Dios va a salvarme». Puso la cabeza en el lugar indicado, la hoja cayó, y se detuvo a cinco centímetros de su cuello. Los verdugos dijeron: «Esto es un milagro», y lo soltaron.

El siguiente hombre subió. Él también era un sacerdote. Los verdugos le preguntaron: «¿Quieres decir algunas últimas palabras?» «Creo firmemente que Dios va a salvarme», dijo. Luego lo colocaron en el lugar conveniente, cayó la hoja, y se detuvo a cinco centímetros de su cuello. Ellos dijeron: «Esto es un milagro», y lo dejaron ir.

El tercer hombre subió. Él era escéptico y ateo. No quería que lo asociaran con los creyentes. Los verdugos le preguntaron: «¿Quieres decir algunas últimas palabras?» Mirando a la guillotina, dijo: «Pues bien, veo el problema que tienen. Hay algo atrancado en el mecanismo de engranajes».

Los escépticos prefieren, incluso a costa propia, aparecer como teniendo la razón antes que arriesgarse a confiar.

Uno de los discípulos era tan bien conocido por este tipo de escepticismo que se ganó un apodo: «el dudoso Tomás». Le vemos tres veces en el Evangelio de Juan, y siempre expresa su escepticismo.

Un aspecto de la duda echada a perder que Tomás ilustra es que nos roba la confianza y la esperanza. Jesús estaba yendo a Betania para ayudar a María y a Marta. Lázaro estaba enfermo, y en verdad iba a morir. Los discípulos trataron de disuadir a Jesús a fin de que no fuera, porque él ya estaba en problemas allí. Jesús, sin embargo, no permitió que lo disuadieran. «Entonces Tomás, apodado el Gemelo, dijo a los otros discípulos:

—Vayamos también nosotros, para morir con él» (Juan 11:16).

Este no es el tipo de comentario que inflama a un equipo con esperanza y energía. Una de las metáforas que el escritor William Sessions utiliza para describir la fe incluye el horizonte. El horizonte es el punto más distante de nuestra visión. Es el lugar de la posibilidad, el lugar al que siempre somos llamados. La fe implica, entre otras cosas, abrazar nuestro horizonte. Cuando la duda se echa a perder, nos volvemos temerosos. El horizonte se cuestiona.

Sin embargo, la profundidad de la duda de Tomás se evidenció luego de que Jesús se les apareciera a los otros discípulos que estaban reunidos después de la resurrección. Todos estaban allí, excepto Tomás. Ellos no cabían en sí de gozo y no podían esperar para decírselo. Es interesante que el texto no nos dice por qué Tomás no estaba con ellos. ¿Acaso estaba distanciándose de sus compañeros? No lo sabemos. Pero ellos no pudieron esperar para decirle: «¡Tomás, le vimos! ¡Está vivo! ¡Ha resucitado de los muertos!» Ellos se quedaron estupefactos por la respuesta de Tomás: «No les creo».

Lo que Tomás estaba diciéndoles a los demás discípulos era que ellos estaban mintiendo o sufriendo de ilusiones. Él sabía mejor. Él los conocía. Él conocía a Jesús. Le había oído enseñar y le había visto hacer milagros. Tomás, más que cualquier otro ser humano, tenía buenas razones para creer. No obstante, escogió la senda del escepticismo y ofreció una respuesta impactante: «Mientras no vea yo la marca de los clavos en sus manos, y meta mi dedo en las marcas y mi mano en su costado, no lo creeré» (Juan 20:25).

> *Los escépticos prefieren, incluso a costa propia, aparecer como teniendo la razón antes que arriesgarse a confiar.*

La frase «Tomás el dudoso» no aparece en la Biblia, pero allí él tiene otro apodo que arroja luz sobre la duda que se echa a perder. Dos veces Juan menciona que Tomás también es llamado Dídimo, la palabra griega para «gemelo». Los nombres tenían una significación en los escritos antiguos, y Juan con certeza no menciona esto dos veces por accidente. En la actualidad por lo general se celebra a los gemelos, pero en el mundo antiguo de modo usual eran considerados como augurios negativos. Ellos trastornaban las leyes de la herencia. Y el índice de mortalidad en los nacimientos de mellizos era mucho más alto que en los nacimientos de un solo hijo.

Hay otra manera en la que el nombre de Tomás muestra ser

significativo. En muchos idiomas, incluyendo el griego antiguo, hay una conexión entre las palabras para «duda» y «dos». Nosotros tenemos un caso similar en español en la relación que existe entre «duda» y «duplicidad». Dudar es tener dos mentes. Los chinos hablan memorablemente de una persona que «tiene un pie en dos botes». En Guatemala, el idioma quechí habla de una persona «cuyo corazón es hecho dos».

Cuando la duda toma esta forma, produce lo que Santiago llama «doble ánimo» (véase Santiago 1:5-8, RVR). Una persona de doble ánimo, dice, es inconstante, como una ola del mar impulsada hacia adelante durante un momento y hacia atrás al siguiente. Esta persona se destroza en dos direcciones a la vez. Desea ser generosa, pero quiere acaparar cosas para sí misma. Desea ser humilde, pero quiere asegurarse de que todo el mundo lo nota y le aplaude por serlo. Esta duda produce una clase de doble atadura espiritual. (He aquí mi historia de la vida real favorita en cuanto a una doble atadura espiritual. Mi amigo Harry tiene un tío que era un sanador pentecostal de fe. En un culto le habló directamente a un demonio que estaba tratando de expulsar de un hombre que había pasado al frente: «¿Como te llamas, demonio?» El demonio le indicó que era «el espíritu de la mentira». El tío de Gary exigió: «¿Estás diciéndome la verdad, demonio mentiroso?»)

> *El escepticismo puede impedirnos la bendición, puede mantenernos atrapados en el doble ánimo. Pero hay otras formas de duda que son más peligrosas que el escepticismo.*

El doble ánimo de la duda de Tomás fue de lo más destructivo, pero no fue fatal. Tomás en realidad quería saber. Si el lado negativo del escepticismo es la duda, el lado positivo es la esperanza de que una realidad oculta tal vez todavía pueda revelarse. Es este lado de esperanza del escepticismo lo que condujo a Blas Pascal a escribir: «Nunca ha habido un escéptico completo real». Jesús vino a Tomás, como a menudo hace con los escépticos, y Tomás creyó. «Porque me has visto, has creído —le dijo Jesús—; dichosos los que no han visto y sin embargo creen» (Juan 20:29). A veces se toma esta afirmación erróneamente como un endoso para la fe irracional. Pero ese no es el punto de Jesús. Hay muchas cosas que no podemos «ver» —desde la electricidad hasta el amor y la justicia— en las que son una bendición creer. El escepticismo puede impedirnos la bendición, puede mantenernos atrapados en el doble ánimo. Pero hay otras formas de duda que son más peligrosas que el escepticismo.

El cínico

La segunda manera en que la duda se echa a perder es al derivar en el cinismo o el descreimiento. A diferencia de los escépticos, los impulsados por el cinismo no están tanto buscando respuestas como ofreciendo conclusiones. Ofrecen conclusiones acerca del mundo que lo muestran bajo una luz negativa por entero: el mundo no es justo. No se puede confiar en la gente. Las circunstancias típicamente empeorarán. Las cosas malas siempre les suceden a las personas buenas. Las cosas buenas solo les acontecen a otros. Dios es nada más que una cuestión de pensamiento ilusorio, así que será mejor que no pensemos en él para nada.

Déle un abrazo a una escéptica, y ella dudará de que usted en realidad quiera dárselo. Déle un abrazo a un cínico, y él se palpará la billetera para ver si no se la ha robado.

Arañe la superficie de cualquier cínico y hallará debajo a un idealista herido. Debido al dolor y la desilusión previa, los cínicos hacen sus conclusiones en cuanto a la vida antes de que se hayan hecho las preguntas. Esto quiere decir que más allá de simplemente ver lo que anda mal en el mundo, los cínicos carecen del valor para hacer algo al respecto. La dinámica debajo del cinismo es el temor de aceptar la responsabilidad.

El escéptico tiene miedo de que se aprovechen de él. El cínico tiene miedo de tener que ponerse a la altura de las circunstancias. Los escépticos se abstienen de votar. Los cínicos también se abstienen, y luego escriben columnas criticando a todos los candidatos.

Un ejemplo bíblico de esto es un hombre llamado Poncio Pilato. En los días de Jesús, Poncio Pilato era el funcionario de más alta categoría en Judea. Era educado y poderoso, y poseía gran autoridad. Él tenía que quitarse a los romanos de encima y mantener a los judíos fuera de su vista. Tal vez cuando era más joven había creído en la ley y la justicia, pero había estado alrededor del poder durante un largo tiempo. Cualquiera que pudiera llamarlo a creer en algo lo suficiente como para tener que sacrificarse por ello era un alborotador.

Cuando Jesús, un sencillo carpintero, fue traído ante Pilato y afirmó que podía dar testimonio de la verdad, Pilato respondió preguntando: «¿Y qué es la verdad?» (Juan 18:38). Lo que en realidad estaba diciendo era: «¿Cómo puedes en verdad estar seguro de algo? ¿Qué clase de conocimiento piensas que tienes? ¿Qué clase de diferencia piensas en realidad que puedes lograr? ¿Por qué simplemente no dejas de tratar de salvar al mundo y todo este problema desaparecerá?» El encuentro trae a la mente la observación de Edward Gibbon sobre lo que le sucedió a la fe en la declinación de Roma: «Hacia el fin del imperio romano, la gente consideraba a todas las religiones como igualmente ciertas, los filósofos como igualmente falsas, y los políticos como igualmente útiles». Masas ingenuas, intelectuales escépticos y cínicos ostentando el poder.

El peligro del cinismo es que no es una respuesta. No es una respuesta en lo absoluto. Es simplemente una manera de evadir la pregunta. El cinismo es lo opuesto a un toque del clarín; es el llamado a la inacción.

Pilato no estaba tanto buscando respuestas como tratando de evadir la responsabilidad. Como Mateo escribe en su Evangelio:

«Cuando Pilato vio que no conseguía nada, sino que más bien se estaba formando un tumulto, pidió agua y se lavó las manos delante de la gente.

—Soy inocente de la sangre de este hombre —dijo—. ¡Allá ustedes!» (27:24).

En esencia Pilato estaba diciendo: «Me lavo las manos de este asunto. Ahora esto es un problema de otro». Así como una persona del siglo veintiuno pudiera decir: «Lo que sea. Lo que sea».

Yo he tratado de lavarme las manos muchas veces en mi vida para evadir la responsabilidad. En caso de que algo no vaya bien en el trabajo, he decidido que será culpa de algún otro. Me he lavado las manos en cuanto a ese asunto. En caso de que algo salga mal con este libro, será culpa de mi editor.

Al enfrentar una decisión difícil, una responsabilidad moral o una decisión potencialmente impopular, los cínicos escogen lavarse las manos y concluyen: «Lo que sea». O peor, al enfrentar algunas de las preguntas más difíciles de la vida (¿Existe Dios? Si existe, ¿tiene en mente mi mejor interés? Si lo tiene, ¿me llama él a que yo viva de cierta manera?), si hay incluso el más leve resquicio de duda, los cínicos escogen lavarse las manos. ¿Qué es la verdad, después de todo? El peligro del cinismo es que no es una respuesta. No es una respuesta en lo absoluto. Es simplemente una manera de evadir la pregunta. El cinismo es lo opuesto a un toque del clarín; es el llamado a la inacción.

La palabra *cínico* procede de la palabra griega para perro. Los cínicos originales eran seguidores del antiguo filósofo Diógenes, y se les llamaba perros porque proponían vivir como estos animales: nada de convencionalismos, nada de vergüenza. Ellos creían que el universo no tenía significado y que todas las aspiraciones humanas eran meras pretensiones. «El consejo de Diógenes es que dejemos de distraernos con los logros, que aceptemos lo insulso del universo, que nos acostemos en la banca de un parque y recibamos algo de sol mientras exista la oportunidad».

De modo extraño, las iglesias —las casas de la fe— pueden ser un terreno fértil para el cinismo. Cuando los dirigentes usan un vocabulario espiritual para tapar sus ansias de poder, control y aplauso, el cinismo brota como diente de león. Y no simplemente la duda, sino el tipo errado de fe también conduce al cinismo o el descreimiento. Tengo un amigo que solía trabajar en la junta directiva de una iglesia. Este hombre escribe libros sobre la verdad del cristianismo. A veces habla en alguna congregación; pero él mismo no forma parte de ninguna. Se incomodó y agotó debido al deseo de promoción constante, el sensacionalismo y la presión para ser más grande. Él y su esposa a veces invitan a algunos amigos el domingo por la mañana. En su mayor parte son creyentes de largo tiempo que se han vuelto cínicos o descreídos con relación a las iglesias. La mayoría de ellos solían ser miembros del personal. El secretito sucio y mal guardado de muchas iglesias es que las personas más cínicas de ellas a menudo forman parte de su nómina.

El rebelde

Sin embargo, hay incluso una manera más destructiva en que la duda puede hacernos daño. A la tercera categoría de duda mal manejada no se le puede simplemente asignar un solo nombre. En la Biblia a veces se le llama «incredulidad», pero es muy diferente a la incertidumbre. Esta es la forma más severa de una duda que marcha mal. La incredulidad significa rehusarse a creer. No es una incertidumbre del intelecto; es una decisión firme de la voluntad.

El rebelde no es simplemente alguien que *no* cree. Es alguien que no *quiere* creer. Los rebeldes no quieren que la historia de Jesús sea verdad. No quieren vivir en un universo gobernado por la clase de Padre que Jesús describió y en quien confió. Este deseo va tan profundo que colorea la manera en que ven toda argumentación y la más mínima evidencia, y se aseguran de encontrar una forma para no creer.

Los rebeldes tienen miedo de lo que sucedería si se entregan a Dios. Así que simplemente lo desafían. Los escépticos se abstienen porque no saben por quién votar. Los cínicos se abstienen porque sospechan de todos. Los rebeldes no simplemente se abstienen. Se separan para establecer su propia dictadura diminuta. Los escépticos cuestionan, los cínicos sospechan, los rebeldes desafían.

Edward Ruffin fue un rebelde de los Confederados en los Estados Unidos de América. Disparó el primer tiro de la guerra civil en Fort Sumter y después luchó contra los yanquis durante cuatro años. Perdió su plantación y fortuna en ese esfuerzo. Cuando la guerra terminó, el sur había perdido, y los esclavos fueron liberados, él escribió una nota el 17 de junio de 1865 declarando su «implacable odio al gobierno yanqui ... y por la pérfida, maligna y vil raza yanqui». Luego se voló la tapa de los sesos.

C. S. Lewis dijo que cuando no era creyente, el ateísmo no era solo su *creencia*, era su más fuerte *deseo*. «Ninguna palabra en mi vocabulario expresaba un odio más hondo que la palabra *interferencia*». Y él estaba incómodamente consciente de que las Escrituras cristianas y hebreas estaban «puestas en el centro de lo que parecía ser un Interferidor trascendental». El ateísmo apelaba a su más hondo deseo de que se le dejara en paz. Los rebeldes temen que se les interfiera.

A veces la existencia de Dios resultará ser —para tomar prestada una frase de Al Gore, anterior vicepresidente de los Estados Unidos de América— «una verdad inconveniente». Denny

Él no quería cambiar. Su mente le llevaba a buscar toda clase de objeciones, pero la realidad era que no quería que fuera verdad. Tenía miedo de lo que tendría que hacer si lo fuera.

me caía bien, pero no podía imaginarme por qué él seguía queriendo conversar conmigo. Era un hombre corpulento, un obrero de la construcción, y yo me sentía algo intimidado. Él quería hablar de Dios, así que lo hicimos, y abordó una pregunta difícil tras otra en cuanto a la fe, un tema intelectual delicado tras otro. Conversamos con tanta determinación como pudimos, y él siempre traía a colación otro asunto. Por último, le pregunté: «Si todos estos asuntos quedaran resueltos, si toda barrera intelectual que levantas quedara derribada, ¿hay algo más aparte de todas estas cuestiones intelectuales que te impedirían seguir a Jesús?»

Hubo un largo silencio. A Denny no le gustó la pregunta. Resultó que él estaba enredado en una conductual sexual que sabía que no honraba Dios, la cual, si decidía seguir a Jesús, tendría que cambiar. Él no quería cambiar. Su mente le llevaba a buscar toda clase de objeciones, pero la realidad era que no quería que fuera verdad. Tenía miedo de lo que tendría que hacer si lo fuera.

Si Denny hubiera sido menos corpulento, probablemente yo le hubiera señalado esto antes.

Dios escogió a Saúl para que dirigiera a Israel. Saúl era talentoso, fuerte y carismático. No obstante, mostraba un patrón de conducta en su vida que revelaba que no confiaba en Dios lo suficiente como para obedecerle. Esto sucedió por tanto tiempo que, al final, Dios ya no lo usó y escogió a David para que fuera el nuevo rey.

Al inicio, David le cayó bien a Saúl, pero cuando este último descubrió que David lo iba a reemplazar en el trono de Israel, no quiso rendirse ante Dios, no quiso renunciar a su corona, no quiso obedecer a Dios. Finalmente, acabó acudiendo al ocultismo. Fue a visitar a una mujer conocida como la adivina de Endor para pedirle que conjurara al espíritu del profeta Samuel, una práctica del ocultismo que hubiera representado una abominación para él cuando era más joven. Como G. K. Chesterton escribió, si las personas dejan de creer en Dios, esto no significa que no crean en nada, sino que creen en todo. Al fin de cuentas, Saúl se quitó la vida lleno de desesperanza en lugar de doblar su rodilla ante Dios. Esto es rebelión contra Dios. Esto es incredulidad.

¿Qué queremos?

«¿Qué *quiero* creer?» es una de las preguntas más importantes que podemos hacernos cuando se trata de la búsqueda de la fe.

Es esencial que seamos honestos en cuanto a esto, porque con el tiempo tenemos la tendencia a descubrirnos a nosotros mismos creyendo lo que *queremos* creer. Recuerde que Barth se llamó a sí mismo un agnóstico «alegre». El filósofo Thomas Nagel escribió: «Yo quiero que el ateísmo sea verdad. No se trata simplemente de que no creo en Dios. No quiero que haya un Dios. No quiero que el universo sea así».

Tal vez Marx tenía razón: la fe es el opio de los pueblos, explotada por la élite para mantener el poder. Quizás algunos tienen un «gen de dios» que les predispone a creer así como otros están genéticamente predispuestos a volverse alcohólicos, o zurdos, o a cantar en falsete. Tal vez Freud tenía razón y «las religiones de la humanidad se deben clasificar como engaños ilusorios masivos ... la neurosis obsesiva universal de la humanidad». Freud propuso en *Totem and Taboo* [Tótem y tabú] que tanto la fe religiosa como la culpa surgieron cuando una horda primitiva de hombres sintió celos de su padre —un déspota que se había apropiado de todas las mujeres— y en consecuencia lo mataron, se comieron su cuerpo, y luego instituyeron el sacrificio ritual de un animal («tótem») como una manera de desplazar su culpa. La creencia en Dios es simplemente una gigantesca proyección edípica de nuestros deseos sobre el cosmos. Freud en realidad argumentaba de forma seria que la religión empezó debido a que tribus primitivas de hombres mataron al padre y se sentían culpables, por eso inventaron la religión para lidiar con la culpa y asegurarse de que tal cosa no se repitiera. Esta idea suya en particular no halló mucha acogida.

La analogía de la droga propuesta por Karl Marx funciona en ambos sentidos. Czeslaw Milosz, laureado con el premio Nóbel, observó en *The Discreet Charm of Nihilism* [El discreto encanto del nihilismo]: «Un verdadero opio de los pueblos es la creencia en la nada después de la muerte; un enorme solaz que permite pensar que no vamos a ser juzgados por nuestras traiciones, codicia, cobardía y asesinatos».

Esta pregunta es importante para nosotros porque si *queremos*, hallaremos maneras de racionalizar toda razón para la fe: la existencia de la creación, las historias de las oraciones contestadas, la evidencia de la resurrección, los testimonios de las vidas cambiadas, la sabiduría sin par de Jesús, y el anhelo de nuestro propio corazón en cuanto a la gracia, el perdón, el significado, la integridad, la trascendencia y el cielo. Si queremos lo suficiente no creer, hallaremos una manera de hacerlo.

A menudo me hallo deseando, dado el daño que la duda puede hacer, que Dios simplemente la eliminara. Pero por lo general no lo hace. Tal vez él tiene una razón para ello.

[illegible]

[illegible]

[illegible]

[illegible]

9

El don de la incertidumbre

Casi nada que determine una diferencia real se puede demostrar.
Frederick Buechner

Conocí a mi esposa en una cita a ciegas. Nos conectó una pareja casada cuyos nombres eran Greg y Bonnie, y ni mi esposa ni yo estuvimos demasiado entusiasmados con este tipo de citas al principio (incluso el nombre es ominoso). Acabamos conversando en el patio trasero del lugar donde yo vivía, un encantador rincón del que se divisaba Arroyo Valley con el estadio Rose Bowl situado muy por debajo. Después de un tiempo, Nancy se quedó notoriamente callada. La miré y vi que se había quedado dormida. Así que la cita en realidad no parecía como si estuviera marchando bien según mis normas. Y mis normas no eran altas. Un vuelo en el *Hindenburg* hubiera sido más divertido que una salida conmigo en una de mis noches libres.

Por otro lado, tal vez Nancy justo se había sentido cómoda estando conmigo. Así que pensé que le daría otra oportunidad al asunto. Mi problema es que no sabía cómo ponerme en contacto con ella. Greg y Bonnie habían vuelto a su casa en el centro de la nación, y yo no tenía el número telefónico de nadie. Todo lo que sabía en cuanto a Nancy era que ella asistía a una iglesia de mi denominación en Whittier, California. Así que llamé a la recepcionista de la iglesia. «Soy John Ortberg», expliqué. «Necesito el número telefónico de una de sus miembros, una joven llamada Nancy Berg. Yo soy el pastor de la Primera Iglesia Bautista en La Crescenta. Se trata de un asunto relacionado con el ministerio».

Muchos, cuando consideran la fe, piensan: Creo que Dios existe o El amor es la más grande de las virtudes. Sin embargo, en su esencia, la fe no es simplemente la creencia en un enunciado; la misma deposita la confianza en una persona.

Hubo una larga pausa. La recepcionista me hizo esperar por unos buenos cinco minutos. Lo que no supe entonces, y que nadie me dijo durante otros seis meses, es que la recepcionista de la iglesia era la madre de Nancy, Verna Berg. Y ella me puso en espera a fin de llamar a su hija y preguntarle si quería que le diera a alguien su número de teléfono. De una hebra tan delgada colgaba la futura existencia de nuestros hijos.

A veces, mientras salíamos, Nancy se sentía poco segura con relación a mí. Salimos solo unas pocas veces antes de que se marchara a cursar sus estudios superiores a unos cuantos miles de kilómetros, y cuando yo no escribí tan a menudo como ella había esperado, se figuró que no estaba interesado. Entonces me enteré de que ella estaba saliendo con otro individuo, y me di cuenta de que yo sí estaba interesado. (Tengo un poco de Maurice Chevalier en mí.) La llamé por larga distancia. Estuve dando rodeos durante un rato. «Pienso que lo que estoy tratando de decir», dije, «es que me gustas». Silencio. Me imaginé que ella tal vez se había quedado dormida de nuevo.

Y eso fue todo. En realidad, lo más difícil de nuestra relación personal fue la incertidumbre. Yo no esperaba o quería tal cosa. Nunca antes había tenido una relación personal seria, y pensaba que una persona estaba supuesta a «simplemente saber». No entendía que es la incertidumbre lo que demanda que uno llegue a conocerse a sí mismo muy bien —qué es lo que valora, qué es lo que quiere— mediante el cuestionamiento, la selección, el hecho de arriesgarse y la entrega.

El noviazgo, como la fe, es un ejercicio en incertidumbre estratégica. André Comte-Sponville anota que es precisamente la experiencia de la incertidumbre lo que hace posible la euforia de lo que llamamos enamorarnos. Atravesamos por un intenso cuestionamiento, preguntas, esperas y dudas. *¿En realidad le importo?* Y cuando a eso le sigue una evidencia de que ella en efecto se interesa, tenemos un maremoto de endorfina. Es precisamente ese recorrido similar al de una montaña rusa de la agonía de la incertidumbre al éxtasis del alivio lo que le da a las primeras etapas del amor su TNT emocional. Por eso, conforme el amor madura, conforme la entrega se vuelve segura, la montaña rusa inevitablemente debe estabilizarse.

La fe no es simplemente aferrarse a creencias. Muchos, cuando consideran la fe, piensan: *Creo que Dios existe* o *El amor es la más grande de las virtudes*. Sin embargo, en su esencia, la fe no es simplemente la creencia en un enunciado; la misma *deposita la confianza en una persona*.

Todos pensamos que queremos tener certeza, pero no es así. Lo que queremos en realidad es confianza, depositada con sabiduría. La confianza es mejor que la certidumbre porque hace honor a la libertad de las personas y posibilita un crecimiento e intimidad que la certeza sola jamás podría producir.

No puede haber intimidad sin confianza. Digamos que alguien me pregunta:

—John, ¿te es fiel tu esposa?

—Sí —le digo.

—Pero, ¿cómo lo sabes? —vuelve a preguntar él.

—Conozco a mi esposa —respondo.

—Pero ella podría estarte engañando. ¿No te gustaría saberlo? Eliminemos toda incertidumbre. Digamos que podemos fabricar una "cámara Nancy" y mantenerla bajo supervisión las veinticuatro horas del día. ¿No quisieras hacer eso? –añade él.

Un amigo nuestro es un ingeniero brillante. Testifica ante el Congreso en cuanto a cuestiones técnicas. Entiende la tecnología que emplea nuestro TiVo. Él tiene una hija pequeña y en su casa poseen cámaras que pueden vigilarla todo el tiempo. Bromeamos diciéndole que conforme ella crezca, él tendrá una «cámara Hija» sobre esa niña las veinticuatro horas del día. Yo no quisiera ser su hija. Más que eso, no quisiera salir con ella. Y tampoco quisiera una «cámara Nancy» incluso si pudiera haberla. No quisiera saber. Prefiero confiar, porque cuando confiamos en alguien, le damos a la otra persona un don, y uno entra en un cierto tipo de danza. Cuando confío, corro un riesgo. Escojo ser vulnerable. Cuando mi esposa a su vez es fiel, alcanzamos un nivel más hondo de intimidad. No hay otro camino hacia la intimidad y la profundidad de las relaciones entre las personas que la confianza.

En un mundo de objetos y máquinas, esto no es así. En ese mundo tratamos de eliminar toda incertidumbre. Queremos ser capaces de predecir. Deseamos tener el control. El mundo de las personas es otro mundo. Cuando se trata de las personas, confiar es mejor que predecir y controlar.

¿Alguna vez ha visto la película *Mujeres Perfectas*? Las esposas de Stepford son reemplazadas de modo sistemático por autómatas que tienen su misma apariencia. Los esposos pueden contar precisamente con la conducta que quieren de sus cíberesposas. Nada de incertidumbre. Nada de frustración. Ninguna necesidad de confiar.

No obstante, si usted es hombre, ¿va a querer una mujer que siempre se acicale para usted, siempre prepare la comida que quiere, siempre limpie lo que usted ensucia, siempre esté de acuerdo en cualquier cosa que diga, siempre se dedique a darle placer sin ninguna voluntad propia? (La respuesta correcta aquí sería que «no».)

«Stepford» es una comunidad de pesadilla. ¿Por qué? Porque la confianza representa la única manera en que se relacionan las personas afectuosas. Esto no se puede eliminar de la ecuación. Es la única forma de hacerle honor a la libertad, el dominio y la dignidad de una persona. Así es como funciona la danza: confianza, riesgo, vulnerabilidad, fidelidad, intimidad.

¿Qué hace uno cuando confía en alguien? Corre un riesgo. Puede ser pequeño, o puede ser grande. Voy a un restaurante que usted me recomienda. Leo un libro porque me dice que es bueno. Le cuento un secreto, y entonces veo si es capaz de mantenerlo de forma confidencial. Le pido que sea mi amigo. ¿Va a traicionarme? Le invito a que sea mi socio en un negocio. ¿Va a hacerme fracasar?

La confianza es algo que tiene lugar entre las personas. La confianza es lo que mantiene unido al mundo de las relaciones personales. Esto se refleja en nuestro vocabulario todo el tiempo: La *plica* se refiere a una propiedad que se tiene en confianza o garantía. Las universidades y organizaciones tienen *juntas de fiduciarios*, personas a las que se les ha *confiado* el bienestar de la comunidad. Si es padre, tal vez ponga dinero para sus hijos en un *fondo de fideicomiso*. Entonces sus hijos podrán confiar en que se morirá a tiempo para que ellos puedan echarle mano a su dinero.

Cuando confío en usted, tomo un fragmento de mí mismo —mis cosas, mi dinero, mi tiempo, mi corazón— y lo pongo en sus manos. Y entonces soy vulnerable. Luego usted responde, y descubro si en verdad es digno de confianza y una persona con la que se puede contar. Le doy el regalo de mi confianza, y usted me da el regalo de su fidelidad.

Ese es el don de la incertidumbre.

Dejarle campo a la duda hace posible la confianza

Mientras uno tenga fe, tendrá dudas. A veces uso la siguiente ilustración cuando hablo. Le digo al público que tengo un billete de veinte dólares en mi mano, y pregunto si hay un voluntario que crea en mí. Por lo general solo unas pocas manos se alzan. Entonces le digo al voluntario que estoy a punto de destruir su fe. Abro mi mano y muestro el billete de veinte dólares. La razón por la que puedo decir que estoy destruyendo su fe es porque ahora él sabe que tengo el dinero. Él ve el billete y ya no necesita de la fe. La fe se requiere solo cuando tenemos dudas, cuando no sabemos algo a ciencia cierta. Cuando viene el conocimiento, la fe ha dejado de ser.

> *La fe se requiere solo cuando tenemos dudas, cuando no sabemos algo a ciencia cierta. Cuando viene el conocimiento, la fe ha dejado de ser.*

A veces un individuo se ve tentado a pensar: *No puedo llegar a ser creyente porque todavía tengo dudas. No estoy seguro.* Sin embargo, mientras exista la duda, mientras la persona todavía tenga incertidumbre, ese es el único tiempo en que necesita la fe. Cuando las dudas desaparecen, la persona ya no necesita la fe. El conocimiento ha llegado.

Le digo al público que eso es exactamente el punto que Pablo estaba recalcando en su primera carta a la iglesia de Corinto: «Ahora vemos [esa es una palabra para "conocer"] de manera indirecta y velada [ahora tenemos confusión, malos entendidos, dudas y preguntas] ... pero entonces veremos cara a cara [todavía no vemos cara a cara]. Ahora conozco de manera imperfecta [con preguntas y dudas], pero entonces conoceré tal y como soy conocido» (13:12).

Después de hablar de todo esto, señalo que la fe debe ser recompensada. Así que le doy al voluntario el billete de veinte dólares. Luego les pregunto a los asistentes quién cree que tengo un billete de mil dólares en mi mano. Ahora muchas manos se levantan. No obstante, es demasiado tarde. A veces no hay que confiar en las personas. La confianza en sí misma no es ni buena ni mala. Necesita ser garantizada.

Esto es parte de lo que quiero dar a entender al decir que la fe es un don. Tal como la belleza tiende a recabar admiración, la fidelidad tiende a recabar confianza. Conforme llego a conocerle, confío en usted. Sin embargo, no me parece que la confianza sea algo que estoy produciendo por fuerza de voluntad. Simplemente crece al saber que usted es digno de confianza. La misma viene como un don.

El escritor de Hebreos dice: «Sin fe es imposible agradar a Dios» (11:6). Eso a veces es un problema para algunos. Se preguntan por qué no tenemos fe. Es cierto que sin fe es imposible agradar a Dios. Pero sin fe es imposible agradar a nadie. Trate de hacer un amigo sin tener fe. Trate de casarse sin tener fe. Trate de criar a un hijo sin aprender a confiar.

George MacDonald escribió un libro titulado *Thomas Wingfold, Curate* [Tomás Wingfold, curador], el cual trata de un pastor que llega a darse cuenta de que no sabe si cree en algo espiritual. El libro relata su peregrinaje hacia Dios. Casi al finalizar el libro, Wingfold entabla amistad con un joven que sufre de una enfermedad terminal. Él se interesa por el enfermo y también le habla de sus propias dudas.

En su conversación final, el joven le pregunta a Wingfold sobre su fe en Dios:

—¿Está usted más seguro en cuanto a él, señor, de lo que solía estar?

—Por lo menos espero en él mucho más.

—¿Basta con eso?

—No, quiero más.

El joven le dice a Wingfold que quisiera poder volver de más allá de la tumba para hacerle saber con certeza que Dios existe.

Wingfold responde que incluso si eso fuera posible, él no querría tal cosa. No quiere saber nada con certeza ni un minuto antes del momento en que Dios desea que él lo sepa. Dice que prefiere obtener «el bien de no saber».

El conocimiento es poder, y la incertidumbre es desagradable, así que, ¿cómo es posible que el no saber sea bueno?

La incertidumbre le añade humildad a la fe

La «incertidumbre» es un maravilloso recordatorio de ese molesto pequeño detalle que a menudo olvido, el cual es que no soy Dios. Alguien me dio una tira cómica en la que San Pedro entrevista a uno que acaba de llegar a las puertas de perlas. Pedro dice: «Tú fuiste creyente, sí. Pero te saltaste la parte de no ser un necio con respecto a eso». No muchos de nosotros tenemos el carácter para manejar la certeza absoluta de que tenemos la razón y todo el que discrepa con nosotros se equivoca. La incertidumbre es una de las formas de sufrimiento que puede producir carácter. Tal vez parte de confiar en Dios es confiar en que me dará un pleno conocimiento de él cuando sea el tiempo apropiado.

> *La incertidumbre es una de las formas de sufrimiento que puede producir carácter. Tal vez parte de confiar en Dios es confiar en que me dará un pleno conocimiento de él cuando sea el tiempo apropiado.*

En la fe, como en una cita con una novia, la confianza exagerada puede ser un problema. Puede sonar extraño, pero algunos serían mejores creyentes si tuviera un poco más de dudas. Conozco a un hombre que se quedó calvo prematuramente. (¿Hay alguna otra manera de quedarse calvo?) Es un individuo de gran fe. Este hombre afirma que si solo pudiera tener la certeza suficiente en una respuesta, Dios se vería obligado a darle aquello de lo cual él tiene la certeza. Está convencido de que su continua calvicie es evidencia de su falta de fe. Cree con toda sinceridad que si simplemente tuviera suficiente fe, creería en Dios en cuanto a su pelo, y tendría una abundante cabellera. (Tal vez tenga razón... pero entonces, ¿por qué Dios creó Rogaine?)

A veces algunos afirman demasiado a la ligera: «Tengo una palabra del Señor». Su certeza de que saben algo que hay que saber en cuanto a Dios les impide conocer la verdad con relación a sí mismos. «Desconfío de aquellos que conocen tan bien lo que Dios quiere que hagan», señaló la sufragista Susan B. Anthony, «porque noto que esto siempre coincide con sus propios deseos». A veces un poco de modesta incertidumbre evitaría poner a Dios en ridículo. Gary, mi amigo pentecostal, se encontraba en un servicio de la iglesia en cierta ocasión en que un hombre se puso de pie y se dirigió a la congregación: «Así dice el Señor: "Tal como estuve con Abraham cuando él dirigió a los hijos de Israel a través el desierto, del mismo modo estaré con ustedes"». Luego se sentó mientras su esposa le susurraba algo al oído. Entonces el hombre se puso de nuevo de pie: «Así dice el Señor: "Me equivoqué. Fue Moisés"».

Job es un libro lleno de dudas candentes. Y Job es el principal escéptico. Él duda del carácter de Dios («Sepan que es Dios quien me ha hecho daño, quien me ha atrapado en su red», 19:6). Duda de la bondad de Dios («Las saetas del Todopoderoso me han herido, y mi espíritu absorbe su veneno», 6:4). Mucho tiempo antes que Nietzsche, acusa a Dios de estar ausente y en silencio («A ti clamo, oh Dios, pero no me respondes», 30:20). Los amigos de Job están seguros de la presencia y los caminos de Dios. Su fe es poderosa. Tratan de hablarle a Job en nombre de Dios para curar su duda.

Sin embargo, cuando Dios habla, está del lado de Job. Se muestra irritado con sus amigos «porque, a diferencia de mi siervo Job, lo que ustedes han dicho de mí no es verdad» (42:7).

De alguna manera hay más fe en la confusión y la duda honesta de Job que en la certeza santurrona de sus amigos.

Los fanáticos religiosos siempre carecen de la humildad de la incertidumbre. El Sr. Dooley, un personaje ficticio irlandés, definió a un fanático como «un hombre que en efecto piensa lo que el Señor haría si supiera los hechos del caso».

La incertidumbre nos hace aprender

Nuestro cuadro de Dios siempre es imperfecto y defectuoso, y las dudas siempre nos mantienen minimizando la verdad. Por ejemplo, tendemos a hacer a Dios a nuestra imagen.

Uno de los primeros escépticos con relación a los dioses griegos del Olimpo, el poeta griego Xenófanes (alrededor del 500 a.C.), notó que los seres humanos tendían a hacer que Dios se pareciera a ellos mismos: los dioses etíopes parecían etíopes, los dioses de Tracia tenían ojos azules y pelo rojo, y todos los dioses de los persas parecían persas. «Si los bueyes, caballos y leones pudieran pintar, todos pintarían a los dioses a su imagen», escribió.

Ricky Bobby, un corredor de automóviles, en la comedia *Talladega Nights* [Noche de Talladega] ora así: «Pequeño niñito Jesús, que estás en tu pesebre chiquitico de niñito Jesús, con tus pequeños vídeos educativos Baby Einstein, usa tus superpoderes de niñito Jesús para ayudarme a ganar».

Cuando la esposa de Ricky Bobby le dice que se supone que le debe orar a un Jesús crecido, él señala: «No, me gusta el Jesús de la Navidad. El niño Jesús hace que me sienta bien. Así que tú puedes orarle a un Jesús adolescente, o a un Jesús con barba, pero yo le voy a orar al niño Jesús». Necesitamos de la duda para que nos ayude a ver dónde estamos inventándonos a Dios conforme avanzamos. «Las dudas», escribe Frederick Buechner, «son como hormigas en el pantalón de la fe; la mantienen viva y moviéndose».

Las dudas también nos impulsan a mirar dentro de nosotros mismos. No es justo la evidencia o las argumentaciones lo que producen la duda. Tal vez demasiado a menudo es muy diferente. Pienso que ir al dentista es algo bueno para mi boca, pero cuando llega el momento en que en realidad tengo que ir, mi temor al dolor hace que surja en mi mente una ráfaga de pensamientos de duda: ¿Es esto en realidad necesario? ¿Es competente mi dentista? ¿Acaso no parece un poco sádico?

Nuestras mentes son diablitos tramposos. No son simplemente máquinas lógicas. Por ejemplo, digamos que tengo una discusión con mi esposa sobre quién se supone que debe llevar la llave de nuestra habitación del hotel. En el calor de la discusión, descubro que me pasan por la mente toda clase de pensamientos. Esto es una confirmación de los peores defectos de carácter de mi esposa. Veo cuán irrazonable y criticona es ella en realidad. La severidad de sus defectos de personalidad se revela en alta definición. Más tarde hacemos las paces. Y los pensamientos que ahora cruzan por mi mente cuando pienso en ella producen gratitud y admiración. Sin embargo, es aún precisamente la misma persona.

A veces las dudas son producidas por argumentos filosóficos y preguntas en cuanto a la evidencia. Pero con mucha mayor frecuencia provienen de pensamientos al azar, o momentos de sequía, o ni siquiera sé de que.

Las dudas en cuanto a Dios son muy parecidas. A veces las dudas son producidas por argumentos filosóficos y preguntas en cuanto a la evidencia. Pero con mucha mayor frecuencia provienen de pensamientos al azar, o momentos de sequía, o ni siquiera sé de que.

Los cambios de talante pueden producir dudas. Hallo más fácil creer en Dios en los días de sol. Cuando es verano —la vida es fácil, los peces saltan, el algodón está crecido, papá es rico y mamá es bien parecida– confío en que Dios está en el cielo. Luego de tres semanas durante el mes de febrero en Chicago, esto no necesariamente es así.

La tentación produce dudas. Tal vez una mejor manera de decirlo es: la tentación *requiere* dudas. Un viejo refrán dice que no hay ateos en las trincheras. Un corolario pudiera ser que no hay muchos teístas en los prostíbulos. O quizás nos volvemos adeptos a excluir a Dios de nuestras mentes cuando representa una inconveniencia para nosotros. Dostoievsky dijo: «Si no hay Dios, todo está permitido». Sé que muchos ateos discreparían con esto.

Una cosa es cierta: Si hay un Dios, entonces muchas cosas no están permitidas. Y si yo quiero hacer alguna de esas cosas, mi mente tiene que hallar alguna manera de librarse de Dios, por lo menos por un rato. Todos somos ateos por lo menos temporalmente, ateos estratégicos.

A veces la duda viene de forma tan misteriosa como la fe. Hablé como un hombre que me dijo que su madre siempre supo que Dios estaba con ella. Esta señora sabía que cuando oraba, Dios la oía, tal como una persona que mete su dedo en el agua sabe que se va mojar. Él siempre pensaba que esta clase de fe llegaría para él... que podría «simplemente saber». Esto no fue así, por lo que por largo tiempo descartó toda idea de Dios. Pero él no era bueno para descarriarse, así que a la larga decidió que justo aceptaría una fe incierta. Su madre ya es anciana, con una enfermedad terminal, y lo que les sorprende a ambos es lo asustada que ella está. Ahora, al final, después de tantas décadas de bendita seguridad, su mamá ya no lo sabe más.

A veces la duda trabaja dentro de nosotros contra nuestros deseos, sin que lo sepamos. Joan Didion escribió una reflexión ardientemente hermosa sobre la vida y la muerte después que su esposo falleció. Después de la muerte repentina de él, ella reflexionaba sobre el Credo de los Apóstoles, el cual había repetido desde la niñez, cuando se dio cuenta de que ya no podía decir: «Creo en la resurrección del cuerpo». Ella no había escogido dejar de creer esto, sino que la duda había producido un socavón al ir carcomiendo en silencio los cimientos de su fe sin ser notada, año tras año, hasta que el poder de creer simplemente desapareció.

La incertidumbre es un pequeño aguijón que necesito para examinar no solo la evidencia y los argumentos, sino también mi corazón.

La incertidumbre nos empuja a buscar la verdad

La incertidumbre es un don porque nos acicatea a buscar la verdad. Así como el hambre impulsa a nuestro estómago a buscar comida, las dudas impulsan a nuestra mente a buscar la realidad.

Algunos lidian con las dudas tratando de reprimirlas... sofocándolas. Hablaba con un amigo hace poco que me dijo: «Nunca leo libros como el que escribió el ateo Richard Dawkins, porque tengo miedo de que si lo hago, esto socavará mi fe». No estoy diciendo que uno deba o no deba leer todo libro como ese. Tal vez no haya necesidad, pero si uno no lo lee y lo evade porque tienen miedo de que pueda destruir nuestra fe, lo que en realidad está diciendo es: «Muy dentro de mí no creo que Jesús tuvo en realidad la razón».

Cuando cursaba mis estudios para obtener un doctorado en psicología clínica, una mujer de mi iglesia bautista me dijo que ella pensaba que era un desperdicio de tiempo estudiar a Freud en lugar de la Biblia.

«¿Ha leído muchos de sus libros?», le pregunté. Ella dijo que no.

«¿Podría decirme por lo menos los títulos de algunos que escribió?» No pudo.

«¿Entiende la diferencia entre la proyección y la reacción formada? ¿Sabe la relación que existe entre la conciencia y el superego? ¿Conoce las etapas del desarrollo psicosexual?» No sabía nada de esto.

«Freud era un hombre que, independientemente de si uno concuerda o no con él, fue uno de los forjadores dominantes del pensamiento del siglo veinte. Fue escritor, investigador y médico; ganó el premio Goethe por su influencia literaria en el idioma alemán; leyó y escribió sobre biología, neurología, arte, religión, así como también de psicología... ¿y usted se siente competente para juzgarlo cuando ni siquiera puede mencionar una sola monografía que él escribió?»

Muchos, cuando reflexionan en la fe, piensan que significa escoger creer cuando no hay buena evidencia. Uno no puede obligarse a creer algo solo a fuerza de voluntad.

Esa fue la última vez que mi abuela me preguntó en cuanto a psicología.

Pienso en un brillante joven estudiante que a la larga se halló incapaz de creer en el cristianismo. En parte lo desilusionaron otros cristianos que «parecían contentos con esconder serios problemas en la Biblia y en sus propios argumentos. Ellos preferían el confort a la sinceridad intelectual».

Muchos, cuando reflexionan en la *fe*, piensan que significa escoger creer cuando no hay buena evidencia. La definición de fe que da Mark Twain es «tratar de creer algo que sabemos que no es así».

Uno no puede obligarse a creer algo solo a fuerza de voluntad. Richard Swinburne, profesor de Oxford, escribe: «En general, una persona no puede escoger creer aquí y ahora. La creencia es algo que le sobreviene a una persona, no algo que él o ella hacen».

A veces las personas con una fe «dudosa» piensan: *Tengo que esforzarme más por creer si es que quiero recibir la respuesta a mi oración que deseo.* Eso no sirve. Tratar más duro de creer es algo tóxico. Es una práctica peligrosa. Puedo decir: «Trataré de aprender. Trataré de estudiar. Trataré de crecer. Trataré de conocer mejor a Dios. Trataré de orar». Sin embargo, no puedo generar de un modo directo la creencia a fuerza de voluntad.

Alicia aprendió una lección en cuanto a la naturaleza de las creencias en su viaje por el País de las Maravillas. (Lewis Carroll fue tanto matemático de Oxford como clérigo anglicano, así que estaba muy interesado en la naturaleza de la creencia.) En medio de su aturdidora conversación, la Reina Roja le dice a Alicia:

—Ahora voy a darte algo en qué creer. Tengo ciento un años, cinco meses y un día.

Eso es demasiado para la pobre Alicia. Aunque uno podría adivinar que es difícil imaginarse la edad de un personaje animado de ajedrez, está claro que la Reina no puede tener más que una mediana edad.

—No puedo creerlo —dice Alicia.

—¿Qué no puedes? —pregunta la reina en un tono lastimero—. Trata de nuevo. Respira hondo y cierra los ojos.

—No sirve de nada tratar —señala Alicia riéndose—. Una no puede creer cosas imposibles.

—Me atrevo a decir que no has tenido mucha práctica —dice la reina—. Cuando yo tenía tu edad, siempre lo hacía durante media hora al día. Vamos, a veces creía hasta seis cosas imposibles antes del desayuno.

El filósofo Dallas Willard hace una propuesta provocativa: «A los seguidores de Jesús se les exige perseguir la verdad a dondequiera que los conduzca». Esta es tal vez una manera extraña de decirlo, pero incluso más de lo que necesitamos entregarnos a Jesús, precisamos comprometernos con la verdad. Esto se debe a que es imposible confiar en Jesús si muy, pero muy adentro, uno no piensa que él tiene la razón. A veces los creyentes tienen miedo de que perseguir la verdad a dondequiera que los conduzca pudiera hacernos sentir incómodos. No obstante, como C. S. Lewis escribió: «La comodidad es algo que uno no puede conseguir mirándola. Si buscas la verdad, puedes hallar la comodidad al fin. Si buscas comodidad, no hallarás ni comodidad ni verdad, solo jabón suave y pensamiento ilusorio para empezar, y por último, desesperanza».

Jesús mismo tuvo mucho que decir en cuanto a la verdad. Él dijo: «Y conocerán la verdad, y la verdad los hará libres» (Juan 8:32). «Yo soy el camino, la verdad y la vida» (14:6). «Cuando venga el Espíritu de la verdad, él los guiará a toda la verdad» (16:13).

Otra manera de decir esto es, si uno tiene que escoger entre Jesús y la verdad, escoja la verdad. Sin embargo, de acuerdo a Jesús, si buscamos la verdad, lo hallaremos a él. No hay otra manera de confiar en Jesús que pensando, preguntando, luchando y batallando hasta que lleguemos a ver lo que él es en realidad. Uno de los propósitos de la duda es motivarnos a hacer eso.

La incertidumbre produce crecimiento

Como padre, he llegado a ver el valor de la incertidumbre estratégica. Mis hijos vienen a mí y quieren tener la comodidad de saber. ¿Van a lograr la admisión en esa universidad, o a conseguir ese trabajo, ese premio? Como papá, lo que más quiero para ellos es que crezcan hasta llegar a ser personas en realidad buenas. Reconozco que las épocas de «no saber» son las de mayor crecimiento de todas. Si ellos pueden tener aplomo y confianza y mostrar interés por otros, incluso en el valle de la incertidumbre, crecerán más de lo que saben. Tener incertidumbre y aun así interesarse por otros significa madurez. Tener incertidumbre y aun así estar alegre significa desarrollarse como persona.

A veces, como vimos antes, tendremos que comprometernos ciento por ciento con algo aunque no tengamos el ciento por ciento de certeza en nuestras creencias al respecto. Cuando podemos vivir en medio de la incertidumbre con un compromiso alegre y valiente, cambiaremos. Llegaremos a ser, tal vez no más seguros, pero sí más *fieles*. Y la fidelidad importa más que la certidumbre. Solo que no se siente tan bien.

Hay veces en que una decisión exigirá una entrega cuando no tenemos una certeza total. Para las decisiones más importantes de la vida, este es casi siempre el caso.

Hay veces en que una decisión exigirá una entrega cuando no tenemos una certeza total. Para las decisiones más importantes de la vida, este es casi siempre el caso. Por ejemplo, digamos que antes de casarme pienso: *Soy humano. No tengo garantías aquí, pero sé que quiero casarme con esta persona. Estoy noventa y cinco por ciento seguro. Tengo un nivel muy bajo de duda. Pero soy finito, y esa duda todavía está ahí.*

Ahora imagínese que cuando estaba diciéndole mis votos a Nancy, haciendo mi compromiso, hubiera dicho: «Nancy, voy a ofrecerte un compromiso bueno y sólido del noventa y cinco por ciento en nuestro matrimonio. Voy a serte un noventa y cinco por ciento fiel mientras avanzamos juntos por la vida». ¿Piensa usted que eso le hubiera caído bien? Ni tanto.

Cuando uno está sobre esa plataforma, cuando uno hace ese voto, lo que dice es: «Todo lo que soy, todo lo que tengo, a ti te lo entrego. En las buenas y en las malas, en la riqueza y la pobreza, en la enfermedad y la salud, te querré y te amaré... por completo».

Lo que importa entonces no es la certeza, sino la fidelidad.

Cuando la certeza no es posible, la fidelidad todavía está sobre el tapete.

Esto es cierto con relación a la decisión más importante de todas: la decisión en cuanto a Dios. No tenemos pruebas, pero tenemos muchas buenas razones. Y una razón se destaca sobre todas.

Por qué creo

Mi tarea no es probarle a algún otro hombre que hay un Dios, sino hallarlo por mí mismo.

George MacDonald

La mayoría de los seres humanos que por siempre han vivido dirían que los ateos Bertrand Russell, Christopher Hitchens, Richard Dawkins, Sam Harris y Daniel Dennett estaban equivocados. Las mejores mentes de la historia de la raza humana —Platón, Agustín, Tomás de Aquino, Newton, Descartes, Leibniz, Pascal, Kierkegaard— pensaron que había buenas razones para creer que hay un Dios. Puesto que ninguno de ellos está vivo para escribir una explicación de por qué creen, conmigo tiene que ser suficiente.

Y he aquí como yo lo haría. Cerniremos un buen número de razones para creer en Dios, buscando la mejor razón.

G. K. Chesterton escribió:

> Si se me pregunta por qué creo en el cristianismo, solo podría responder: «Por la misma razón que un agnóstico inteligente no cree en el cristianismo». Creo en este de manera muy racional debido a la evidencia. Pero esa evidencia ... no está en realidad en esta o aquella supuesta demostración, sino que se halla en una enorme acumulación de hechos pequeños pero unánimes. Es más, no hay que culpar al secular debi-

do a que sus objeciones al cristianismo son diversas e incluso rudimentarias; es precisamente esa evidencia rudimentaria la que convence a la mente.

Creo que hay un Dios por un montón de razones: sueños, argumentaciones, una torta de crema de banana, los árbitros, *Hotel Rwanda*, el complicado sistema de buzones telefónicos, la pequeña Nell, la píldora de la felicidad, y por otra razón, una razón que supera a toda otra y deja a las demás en el polvo.

¿Suficiente rudimentario para usted?

Estas razones para creer en Dios no son por completo aleatorias. Algunas incluyen argumentos filosóficos que tienen nombres técnicos. Cada una de ellas debería ser objeto de una reflexión cuidadosa. Sin embargo, solo una es la mejor.

Sueños

La semana pasada destrocé por completo el auto de mi hija. Lo dividí en dos mitades. Yo estaba tratando de mantener unidas las dos mitades, deslizándome cuesta abajo por una colina, cuando un venado macho grande se me acercó. Me mordió gentilmente en la mano. Luego se fue para traer una vara en su boca. Era evidente que iba a azotarme con ella. Un locutor daba una descripción jugada por jugada de todo esto, y dijo: «Pues bien, ya se acabó. Cuando un venado viene a buscarlo a uno con una vara, no hay esperanza...»

Entonces sonó el despertador.

Los sueños pueden ser muy estrafalarios, pero no estoy seguro de que sean más estrafalarios que la vida real.

Y para tomar un ejemplo del curso de Filosofía 101, no puedo probar que mi vida no sea un sueño. Lao Tse hizo la celebrada pregunta: «Si cuando estaba dormido era un hombre soñando que era una mariposa, ¿cómo sé cuando estoy despierto que no soy una mariposa soñando que soy un hombre?» El compositor de la ronda infantil «Rema, rema, rema tu botecito» al parecer está en el bando de Lao Tse. (Rema gentilmente, rema con alegría, la vida no es sino un sueño.) No tengo *evidencia* para refutar la teoría de la mariposa, pero tengo una buena *razón* para no creerla; y la razón es que si no creo que soy un ser humano verdadero, pudiera perderme mi vida real. Si me equivoco, no he perdido mucho, pero si tengo razón, tengo una vida. La demanda de una prueba libre de dudas exige un precio demasiado alto.

Las personas pueden creer en Dios sin ser capaces de concebir silogismos explicando por qué, pero eso no quiere decir que su creencia sea irracional, así como el creer que estoy despierto no es irracional.

Sostenemos innumerables convicciones terriblemente importantes que no podemos probar. Por ejemplo, no podemos probar que el pasado en realidad sucedió. No podemos probar que las otras personas en verdad no sean autómatas altamente sofisticados. No podemos probar que sea malo torturar a niños inocentes. Alvin Plantinga, quien es ampliamente considerado como el primer filósofo de la religión en nuestros días, dice que la creencia en Dios es algo similar a esto. Es lo que él llama una «convicción básica». No tenemos una *evidencia* irrefutable para estas convicciones, pero tenemos una buena *razón* para creer que són verdad. Las personas pueden creer en Dios sin ser capaces de concebir silogismos explicando por qué, pero eso no quiere decir que su creencia sea irracional, así como el creer que estoy despierto no es irracional. La creencia en Dios es una convicción básica apropiada. No obstante, esa no es la principal razón por la que creo.

Argumentos

Creo que tenemos un código moral en nuestro corazón y que Alguien lo puso allí. Esta idea viene por medio de C. S. Lewis.

Preste atención la próxima vez que usted oiga una discusión. Tal vez hasta pueda empezar una solo para verificarlo. Nancy y yo tuvimos una buena discusión hace poco con relación a cuál de nosotros debía comprar un radio reloj para mí. De manera sorprendente, perdí.

Cuando las personas discuten, estas son algunas de las cosas que dicen:

> «¡Yo hago mucho más de lo que me toca en cuanto a trabajo en esta casa, y tú haces demasiado poco!» A estas personas les llamamos esposas y esposos.
>
> «¡A él le dieron una porción más grande de postre! ¡A él le dieron una mesada más alta! Él hizo pocos quehaceres. ¡A él le permiten llegar a una hora más tarde en la noche que a mí, y eso no es justo!» A estas personas les llamamos hermanas y hermanos.
>
> «Usted es un jefe inepto, y este es un taller disfuncional en el que trabajan esclavos. Me exigen demasiado trabajo y me pagan un sueldo criminalmente bajo». A estas personas les llamamos desempleados.

Cuando discutimos, no decimos simplemente: «Haz lo que yo quiero porque soy más fuerte y puedo obligarte a hacerlo». Decimos cosas como: «¡Eso no está bien! ¡No es correcto! ¡No eres justo!» En otras palabras, apelamos a una norma que es independiente, objetiva y más alta que usted y yo. Apelamos a la idea de que hay tales cosas como el bien y el mal.

En teoría, muchos en nuestros días sostienen la creencia de que el bien y el mal son subjetivos... solo preferencias, justo vainilla y chocolate. Usted tiene las suyas y yo tengo las mías. Toda persona es diferente. El autor Dinesh D'Souza destaca que en nuestra sociedad a menudo oímos que alguien dice: «No me impongas tus creencias».

D'Souza señala que halla interesante el hecho de que no decimos: «No me impongas tu geometría. No me impongas tu química». ¿Por qué no oímos esas cosas? Porque damos por sentado que la ciencia y las matemáticas tratan de la realidad objetiva. No pensamos que nos sean «impuestas». Sin embargo, a menudo pensamos que la moral y los valores son simplemente preferencias subjetivas. Usted tiene las suyas. Yo tengo las mías. Todo es arbitrario. Siempre que oímos que dos personas discuten acerca de si algo está bien o mal, esto muestra que sabemos que el bien y el mal no son subjetivos. Muy adentro todos vivimos con la presuposición de que la realidad moral es parte de la forma en que la vida es.

Esto es justo de lo que Pablo escribía cuando dijo que las personas «llevan escrito en el corazón lo que la ley exige [lo que es bueno y lo que es malo]». No podemos olvidarnos de ello. Cuando discutimos, mostramos que sabemos tal cosa. Y Pablo continúa: «como lo atestigua su conciencia, pues sus propios pensamientos algunas veces los acusan y otras veces los excusan» (Romanos 2:15).

Todo ser humano sabe dos cosas: *Hay una manera en que debemos comportarnos*. Nosotros no inventamos este código; solo lo descubrimos. Puede ser borroso en cuanto a los detalles a veces, pero tenemos una idea general de lo que es. También sabemos que *no vivimos a la altura de esta norma*. Nos hemos quedado cortos. Necesitamos perdón. Necesitamos gracia. Necesitamos ser restaurados.

Cada vez que las personas discuten, están implicando que el universo no es un accidente, que hay un orden moral que forma parte de la manera en que las cosas son, el cual fue puesto allí por Alguien, y ese Alguien es Dios. Las buenas noticias son que él es un Dios de gracia. Esa es una razón de por qué creo en Dios. Pero no es la principal.

Torta de crema de banana

Tenía un profesor de filosofía en la universidad llamado Steve Evans, y aunque a menudo no podía seguirle el ritmo, él hizo una afirmación que nunca he olvidado: una de las más grandes pruebas de la existencia de Dios es la torta de crema de banana. Esta es una especie de versión abreviada de la afirmación de que podemos deducir a partir de la existencia de la creación la existencia de un Creador.

> *Lo que para mí es convincente no es tanto la complejidad de la creación como la bondad de la creación. Incluso las fealdades que vemos —el cáncer, la contaminación y los tugurios— son dolorosas precisamente porque la creación es demasiado buena cuando se encuentra bien.*

Lo que es convincente para mí acerca de esto no es solo la complejidad de la creación. Conozco a algunos que arguyen que la complejidad de, por ejemplo, el ojo humano solo se puede explicar por medio de un creador. Para mí, la complejidad no llega hasta la raíz del asunto. Y me preocupa algo el enfoque de un «Dios de las brechas», que exige que la ciencia o la selección natural sean incapaces de explicar algo a fin de demostrar a Dios. ¿Qué tal si en un futuro la ciencia resuelve el problema?

No, lo que para mí es convincente no es tanto la *complejidad* de la creación como *la bondad* de la creación. Si no hay Dios, en realidad no importa si algo existe o no. No obstante, hay otra manera de ver las cosas: «Dios habló, y fue así, y vio Dios que era bueno». Incluso las fealdades que vemos —el cáncer, la contaminación y los tugurios— son dolorosas precisamente porque la creación es demasiado buena cuando se encuentra bien. La bondad de la creación es una razón para creer. Sin embargo, esa no es la mayor razón.

Árbitros

Un día, cuando aún no era la temporada de juegos, un agente de policía detuvo a un árbitro de la liga de softbol en Colorado por exceso de velocidad. El árbitro suplicó misericordia, aduciendo que era un buen conductor, y le explicó por qué estaba apurado. El agente no se dejó convencer por la argumentación del árbitro. «Dígaselo al juez», indicó.

Cuando llegó la temporada de softbol, el árbitro se encontraba sirviendo en su primer juego. El primer bateador que salió resultó ser el policía que le había puesto la multa por exceso de velocidad. Ellos se reconocieron. Fue incómodo para el oficial.

«Así que, ¿cómo resultó el asunto de la multa?», preguntó el agente.

«Será mejor que le batee a todo», replicó el árbitro.

Tenemos un deseo de justicia, y no solo para que las cosas funcionen de la forma en que queremos. Todos somos árbitros. No podemos evitarlo. Aristóteles le llamó a esta habilidad *frónesis*, la capacidad de ver rasgos morales y relevantes de un caso en particular y hacer buenos juicios. Y esta capacidad va ligada a la manera en que las cosas deben ser. Tenemos la convicción de que para que la vida tenga sentido, para que la existencia sea racional, la justicia debe prevalecer. Por consiguiente, los que luchan por la justicia no están siendo arbitrarios; están trabajando por la forma en que se supone que las cosas deben ser.

Nuestra demanda de justicia nos dice que debe haber un Juez, que la justicia debe prevalecer un día. Las más grandes voces de la justicia que han existido por siempre, los profetas hebreos que llamaban a su nación a la justicia como ninguna otra nación había sido llamada antes, insistían en que un día la justicia prevalecerá. Correrá como un río (Amós 5:24). Nuestra sed de justicia nos dice que hay un Dios. Pero esa no es la voz más convincente que oigo en cuanto a Dios.

Hotel Ruanda

Vi por primera vez *Hotel Ruanda* con mi hija y un grupo de sus amigos. En Ruanda, en el espacio de menos de un año, fueron exterminadas un millón de personas, muchas de ellas masacradas con machetes, por pertenecer a la tribu equivocada. Después de la película salimos y hablamos por largo rato, tratando de interiorizar lo que habíamos visto. Un año o algo así más tarde llegué a conocer en la vida real al personaje central del que hablaba la película, y la dignidad y el valor de este hombre hacen que nos sintamos culpables.

Por supuesto, en cierto sentido el problema del mal presenta una de las mayores dificultades —para mí la mayor— para creer en Dios. Por qué él no lo detiene es algo que no entiendo por completo.

Sin embargo, existe otro ángulo. De todas las formas de sufrimiento, la peor es aquella en la que interviene la perversidad humana. La Alemania nazi, Camboya y Ruanda constituyen algunas de las más profundas historias de horror. No obstante, es difícil ver cómo pudiera existir una cosa tal como la *perversidad* si el naturalismo es verdad. Esta categoría de perversidad tiene sentido solo si las personas fueron creadas y se supone que deben comportarse de cierta manera. En un universo accidental puede haber placer y dolor, pero no habría distinción *moral* entre lo uno y lo otro, puesto que la perversidad puede existir solo en un universo moral. La realidad del mal —no solo del dolor, sino de mal— es una razón para creer. Pero no es la mayor razón.

Sistemas de correo telefónico

Somos criaturas que nos culpamos los unos a los otros. Nancy y yo tenemos una pequeña placa imantada adherida a nuestro refrigerador que dice: «Yo no dije que fuera tu culpa. Lo que dije es que te iba a *echar la culpa*». Con todo, echar la culpa tiene algo que nos habla en cuanto a nuestra naturaleza.

Hace ya varios años me encontraba en mi oficina hablando con cierta persona. En un determinado momento interrumpí la conversación para dejarle un mensaje en el correo de voz a alguien. (Estaba usando el altavoz del teléfono para dejar el mensaje en lugar de levantar el auricular.) La persona a cuyo correo de voz estaba llamando es una de las mejores personas que conozco.

No sé por qué, pero después de colgar el teléfono, empecé a hablar con el individuo que estaba en mi oficina acerca de la persona a quien le había dejado el mensaje telefónico usando un tono fingido de voz: «Qué *encantadora* es la persona X... siempre tan *dulce*...» No estaba inventando cosas malas. Pero en vez de hablar de la persona con admiración, sonó como si su encanto se debiera a la ingenuidad, la inocencia, o fuera artificial. Hice esto sencillamente para motivar la risa. O tal vez solo para sentirme mejor por no tener ese nivel de bondad en mi vida.

De súbito, oí el tono de discado por el altavoz. En ese momento me percaté de que todo lo que había dicho estaba grabado en la contestadora de esa persona. Ella podría oír cada palabra horrible.

Me enfermé. Me sentí físicamente mal del estómago. Tuve que ir a la oficina de la persona con quien había hablado y tratar de explicarle por qué había hecho algo tan descortés que ni siquiera yo mismo podía entenderlo.

Hasta hoy no puedo pensar en ese momento sin sentir un vuelco en el estómago. Pablo dice que nuestra conciencia «atestigua» (Romanos 2:15) que somos seres morales en un universo con un significado espiritual. Yo no tenía a nadie más a quien echarle la culpa.

Rendir cuentas por las acciones tiene sentido solo en un universo de personas. El naturalismo dice que los seres humanos son simplemente una colección de átomos. Algunos piensan que Darwin demostró que los seres humanos pueden ser diferentes de cualquier otra criatura en grado, pero no en especie. La Biblia, sin embargo, dice que los seres humanos son una *clase* diferente de seres, y que hemos sido creados a imagen de Dios... poseemos alma. En nuestro corazón, sabemos que esto es verdad con relación a nosotros mismos.

La siguiente ilustración, aunque es algo extraña, habla de una de las maneras en que sabemos que somos criaturas singulares: nunca sometemos a juicio a un animal. Cuando un león muerde a alguien, cuando un oso destroza a una persona, cuando algún individuo vive en una relación enfermiza codependiente con un gato (y mi convicción como hombre al que le gustan los perros es que todos los dueños de gatos viven en una relación enfermiza de codependencia con sus gatos), no juzgamos al animal. No entablamos un pleito por eso. No lo llevamos a los tribunales. Simplemente decimos: «Es la naturaleza. Esa es la naturaleza del oso. Esa es la naturaleza de león. Eso es simplemente producto de su naturaleza y su entrenamiento. Eso es todo». (En realidad, un grupo de pescadores de Hartlepool, Inglaterra, que temían una invasión francesa durante las guerras napoleónicas, al parecer llevaron a juicio y ahorcaron a un mono acusándolo de ser un espía francés, pero los británicos han estado avergonzados al respecto desde entonces, lo que solo confirma el punto de vista más amplio.)

Sometemos a juicio a los seres humanos porque no somos productos del instinto y el entrenamiento; somos agentes morales. Nuestras transgresiones requieren algo más costoso que la educación, la terapia o el cierre o la clausura.

Sometemos a juicio a los seres humanos porque no somos productos del instinto y del entrenamiento; somos agentes morales. Somos «dignos de que se nos eche la culpa». Y nuestras transgresiones requieren algo más costoso que la educación, la terapia, o el cierre o la clausura. (Un amigo mío dice que una de las diferencias entre un terapeuta y un auspiciador de AA es que la única vez en que un auspiciador dice: «Cierre», es antes de la palabra *boca.*)

El naturalismo presente dice que las personas no tienen una naturaleza moral. No son libres. Son simplemente productos de causas y fuerzas. Es solo que no sabemos todo detalle todavía. No obstante, nadie cría a un hijo creyendo eso. Nadie hace un amigo creyendo eso. Sabemos que hay algo mejor. La práctica de echar la culpa nos dice que hay un Dios. Con todo, esa no es la razón mayor para creer.

La pequeña Nell

Charles Dickens era un astro en sus días. Él escribió novelas en serie, las cuales publicaba un capítulo a la vez, y las naciones enteras se detenían cuando surgía un nuevo capítulo. Una de sus escenas más famosas (y tristemente célebres), de las que más destrozan el corazón, fue la muerte de la pequeña Nell en *El tallercito de curiosidades.* Sus críticos lo acusan de exagerar el sentimentalismo. (Oscar Wilde, en un momento típicamente cínico, dijo que uno debe tener el corazón de piedra para leer la escena de la muerte de la pequeña Nell sin reírse.) Sin embargo, la mayoría de los lectores de Dickens quedaron con el corazón partido. Miles gemían mientras leían.

No hay un *hecho* más asombroso en el universo que la existencia de personas humanas. ¿Por qué los bomberos arriesgan sus vidas para salvar a una sola niña en un edificio incendiado? Porque las personas importan como individuos. El punto débil de la evolución, en su forma atea, es que no le asigna importancia a ningún individuo. En el relato cristiano, cada parte de la creación importa, porque Dios la atesora. Una gallina es más que el vehículo por medio del cual un huevo sigue a otro huevo. Un ser humano importa más que todo lo demás.

La naturaleza humana es algo extraordinario, sin precedentes en el universo. G. K. Chesterton dijo que una de las razones por las que se convenció del cristianismo es porque este capta la totalidad, el misterio, la contradicción y la paradoja de la vida... en especial de las personas. Él señaló que hay algunos enfoques, tales como el estoicismo, que son pesimistas en cuanto a la naturaleza humana, pero que ciertas formas de ideología humanística enseñan que «el hombre es la medida de todo», teniendo una noción exaltada y optimista de la naturaleza humana.

Cuando se trata de la naturaleza humana, el cristianismo no es simplemente pesimista, optimista o insípidamente moderado. Es pesimista por completo: «Nada hay tan engañoso como el corazón. No tiene remedio» (Jeremías 17:9). Y es también optimista y esperanzador en gran medida: «Queridos hermanos, ahora somos hijos de Dios, pero todavía no se ha manifestado lo que habremos de ser» (1 Juan 3:2).

El cristianismo capta toda esta verdad, asombro, misterio, oscuridad y potencial para la bondad en la condición humana. Nadie lo dijo mejor que Pascal: «¿Qué clase de bicho raro, entonces, es el hombre? ¡Qué novedoso, qué monstruoso, qué caótico, qué paradójico, qué prodigioso! Juez de todas las cosas, vil débil, depositario de la verdad, vertedero de dudas y errores, gloria y desecho del universo».

Uno de los problemas con la duda es que una vez que se niega la existencia de Dios y la verdad espiritual, una vez que la realidad se reduce a átomos y quarks, no es simplemente Dios el que desaparece; toda la idea de ser *personas* empieza a desvanecerse.

Steve Pinker, un filósofo de la ciencia en Yale, escribe que somos solo nuestras funciones cerebrales. El concepto clásico de lo que quiere decir ser una persona es una ilusión. No hay cosa tal como la mente. El cerebro humano es nada más que una computadora ingeniosamente ensamblada. El *yo* no existe. El yo es simplemente otra red de trabajo de los sistemas cerebrales. No hay *alma*. No hay ningún agente moral central responsable por las acciones. Solo hay disparos de sinapsis. No hay *usted*. No hay yo. No hay Steve Pinker.

Tal vez él tenga razón. Pero alguien sigue cobrando los cheques de regalías de Steve Pinker.

Una de las grandes pruebas para cualquier cosmovisión es: ¿Qué tiene para decirle a un moribundo? Y no sé lo que el naturalismo tenga que decirle a una niña de nueve años que se muere aparte de: «Lo lamento. Mala suerte». La supervivencia de las especies no puede significar gran cosa si la supervivencia de los individuos no tiene sentido.

Creo que Dios existe en parte porque creo que usted existe. Usted es un individuo que importa. *Usted* es una razón para creer en Dios. Pero no es la mejor razón.

La píldora de la felicidad

Pienso que la existencia de la alegría apunta a Dios.

A veces las personas piensan que en realidad lo que queremos más que cualquier otra cosa es ser felices. Si le preguntáramos a las personas: «¿Cuál es el deseo número uno de la raza humana?», la respuesta probablemente sería: «Felicidad». Decimos que queremos ser felices por sobre todo lo demás.

Sin embargo, no pienso que eso sea verdad, y voy a decirle por qué. Digamos que hay una píldora que, si uno se la toma, nos sumiría en un coma permanente. En este coma uno tendría sueños emocionantes. Experimentaría ininterrumpidas ráfagas de felicidad. Sentiría placer, deleite y gozo por siempre. Es cierto que estaría dormido y nunca haría contacto con nadie, pero tendría felicidad sin fin. ¿Se tomaría usted esa píldora? *¡No!*

Imagínese que usted pudiera enchufar su cerebro a un tomacorriente y eso estimulara su centro de placer para siempre, de modo que sintiera un gran gozo por toda la eternidad, pero nunca *hiciera* nada. Nunca iría a ninguna parte. Nunca conocería a nadie. ¿Lo haría? ¡*No*! No lo haría, y sería una pesadilla si alguien le hiciera tal cosa, porque usted quiere algo más hondo que la alegría. La alegría, aunque nos encanta, siempre nos apunta hacia algo más allá de nosotros mismos.

Queremos algo más hondo que la alegría. La alegría, aunque nos encanta, siempre nos apunta hacia algo más allá de nosotros mismos.

Queremos la alegría en la belleza. Por eso un paisaje, la cumbre de un monte o la música a veces nos parte el corazón. Queremos experimentar alegría en los pensamientos nobles. Queremos sentir alegría al perdernos en una gran causa que corrige las cosas y brinda felicidad a otros. Queremos percibir la alegría en una persona.

Todo irá bien,
y todo irá bien,
Y todas las cosas irán bien.

—Juliano de Norwich

Leemos, dice C. S. Lewis en *Tierra de sombras*, para saber que no estamos solos. Leemos porque queremos saber si hay una razón para creer. Y a veces mientras leemos, alguien menciona una verdad que resuena de una forma tan profunda dentro de nosotros que nos descubrimos riendo o llorando, porque nunca supimos que había un nombre para lo que esperábamos.

Uno de esos pasajes, para mí, se encuentra al fin del libro *Ortodoxia*, de G. K. Chesterton. Allí hay un cuadro de Dios y el destino de su creación tan bueno que casi ni podemos esperar que sea verdad. El mismo nos da tal vez un indicio de lo que sintieron los discípulos después de la resurrección, cuando se nos dice que «no acababan de creerlo a causa de la alegría y del asombro» (Lucas 24:41).

Si lo que Jesús enseñó es verdad, la alegría se halla en el núcleo del universo. Si Jesús se equivocó, si el no creer es correcto, la alegría y el deseo de ella es un accidente. Entonces la tierra no es sino una bola de polvo y agua flotando por unos pocos segundos en una cámara cósmica destinada a perecer cuando la Gran Explosión colapse sobre sí misma. «¿Qué es todo excepto un problema de hormigas en el resplandor de un millón de millones de soles?», preguntaba Tennyson.

Si Jesús tiene razón, la alegría estaba en el principio, enfrentó el reto en el medio, y será restaurada al final. Si él se equivocó, la alegría es una ilusión momentánea que estaba ausente en el principio y será acallada para siempre.

Creo que Jesús tenía razón. Creo que la alegría es tan real como Cleveland.

La obra *Ortodoxia* cierra con un cuadro de Jesús y la esperanza de la alegría que todavía me impacta de un modo profundo cuando lo leo. En especial la última línea. Específicamente la última palabra. Sin embargo, esta requiere un poco de contexto, y puesto que no tengo espacio suficiente aquí para imprimir todo el libro, trataré de establecerlo.

> *El gozo del Señor no implica que usted se sienta feliz cuando va a la iglesia. Es el gozo que vendrá un día cuando finalmente vea cara a cara, claro como el cristal, eso para lo cual fue creado,*

Imagínese que tiene una hija de cinco años a la que quiere mucho. Digamos que la niña ha estado enferma, y que usted teme que pueda perderla. Entonces los médicos le dicen que ella puede ser sometida a una operación. En realidad es muy sencilla, como sacarle las amígdalas. No correrá riesgo. Ella vivirá, le dicen. Estará bien. Su alegría no conoce límites.

No obstante, su hija de cinco años se siente aterrada. Le tiene terror a la operación. Está muy asustada por el cirujano. No sabe que todo saldrá bien. Usted trata de calmarla, pero ella todavía no entiende. Así que no puede permitirle que vea lo que usted siente en su corazón. No puede hacer bromas. No puede reírse. Ella pensaría que a usted no le importa. Debe tomar su temor en serio. Debe hacerle saber que la comprende. Con todo, de vez en cuando tiene que alejarse de su habitación de enferma. Tiene que poder reírse pues sabe que todo saldrá bien.

¿Qué tal si la condición humana es algo así? ¿Qué tal si Juliano de Norwich tuviera razón? El apóstol Juan dijo que un día «Dios mismo estará con ellos y será su Dios. Él les enjugará toda lágrima de los ojos. Ya no habrá muerte, ni llanto, ni lamento ni dolor, porque las primeras cosas han dejado de existir» (Apocalipsis 21:3-4). ¿Qué tal si es así en realidad como las cosas van a ser? ¿Qué tal si todo va a salir bien? ¿Qué tal si Jesús sabía esto? ¿Si en realidad lo sabía?

Entonces todo hubiera tenido una apariencia diferente para él. Dios sería el padre, y nosotros seríamos la pequeña de cinco años en el cuarto de hospital. Y Dios tendría que ajustarse a nosotros. Tendría que fruncir el ceño, asentir con la cabeza y tomar en serio nuestro temor. Aun así, de vez en cuando, sería necesario que él pidiera disculpas para poder salir y reírse.

Ahora, con ese cuadro en mente, he aquí las palabras del libro de Chesterton:

> La alegría, que es la pequeña publicidad del pagano, es el secreto gigante del cristiano. Y al concluir este caótico volumen, abro de nuevo el extraño librito del cual proviene todo el cristianismo; y de nuevo me persigue una cierta confirmación. La tremenda figura

que llena los Evangelios se eleva hasta los cielos en este aspecto, como en todos los demás, por encima de todos los pensadores que por siempre se consideraron grandes. Su tristeza es natural, casi casual. Los estoicos antiguos y modernos se enorgullecían de esconder sus lágrimas. Él nunca escondió las suyas; las mostró abiertamente frente a cualquier visión diaria, tal como la vista distante de su ciudad natal. Sin embargo, escondió algo. Los solemnes superhombres y los diplomáticos imperiales se enorgullecen de contener su cólera. Él nunca contuvo su cólera. Derribo muebles en los escalones al frente del templo y les preguntó a los hombres cómo esperaban escapar de la condenación del infierno. No obstante, contuvo algo. Lo digo con reverencia; había en su asombrosa personalidad una hebra que pudiéramos llamar timidez. Había algo que él ocultaba de todos los hombres cuando subía al monte a orar. Había algo que cubría constantemente con un abrupto silencio o el aislamiento impetuoso. Había una cosa que era demasiado grande para que Dios nos la mostrara cuando anduvo en la tierra; y a veces me he imaginado que es su regocijo.

El gozo del Señor no implica que usted se sienta feliz cuando va a la iglesia. Es el gozo que vendrá un día cuando finalmente vea cara a cara, claro como el cristal, eso para lo cual fue creado. Ese anhelo secreto que usted ha llevado consigo como una herida toda su vida será satisfecho. Esta no es la mejor razón para creer, pero nos acerca a ella.

Una vez hubo un Hombre que tenía ese gozo. La gente lo vio. La gente lo conoció. Una vez les dijo a sus amigos: «Les he dicho esto para que tengan mi alegría y así su alegría sea completa» (Juan 15:11). Nuestra búsqueda de alegría, nuestra búsqueda a trechos, trastornada, obsesiva e interminable de alegría nos dice que fuimos creados por el Dador de gozo.

Ahora le diré lo que pienso es la mejor razón para creer.

Jesús creyó

Simplemente no hay nadie más digno de confianza que Jesús. No hay nadie cuya comprensión de la vida se acerque a la suya. No hay nadie que haya afectado la historia como él. Sencillamente no hay otra fuente —ni libro, ni gurú, ni pálpito, ni experiencia personal— a la que valga la pena apostarle la vida. Como Elton Trueblood tan bien lo dijo: «El cristiano es una persona que, con toda la honestidad de que es capaz, llega a convencerse del hecho de que Jesucristo es el más digno de confianza que conoce en todo su universo de discurso».

Y Jesús dijo que hay un Dios. George MacDonald escribió: «Puedo solo decir con todo mi corazón que espero que en efecto tengamos un Padre celestial; pero este hombre dice que *él lo sabe*».

Jesús está dedicado a la empresa de cambiar vidas. Desde el mismo principio personas de todas las clases se sintieron atraídas y venían a él: personas satisfechas, individuos arruinados, leprosos y heridos, olvidados y despreciados, prostitutas, cobradores de impuestos, gente admirada, sujetos pudientes, dirigentes religiosos. Había algo en este hombre llamado Jesús que hacía que sus corazones cedieran y entonces nacieran de nuevo.

Un líder religioso orgulloso, vengativo, violento, arrogante y ocupado en sí mismo, llamado Saulo de Tarso, viajaba por el camino cuando de repente tuvo una visión de Jesús. Según informa el registro histórico, llegó a ser Pablo... un hombre diferente con otro nombre, cuya mente, escritos, amor por las personas y entrega sacrificada de su propia vida al mundo fue tan contundente que las mentes humanas todavía se sienten fascinadas por él dos mil años más tarde. Muchos dedican toda su existencia a estudiar lo que escribió. ¿Cómo fue cambiada esa vida? La evidencia de las vidas cambiadas por Jesús es tan abundante que la historia completa nunca se podría contar. No puede ser igualada. Por ninguna cultura, por ningún libro, por ningún programa o por ningún héroe.

Nunca he oído a nadie decir: «Un día me di cuenta de que no había Dios, ni nadie detrás de la realidad, ni vida después de la muerte. Me percaté de que la existencia es un accidente sin sentido, empezado al azar y destinado a la extinción, y eso cambió mi vida. Yo solía ser un adicto al alcohol, pero ahora la "ley de la selección natural" me ha liberado. Solía ser codicioso, pero ahora la historia de la Gran Explosión me ha hecho generoso. Solía tener miedo, pero ahora la probabilidad aleatoria me ha hecho valiente».

Nunca he oído la historia de que un universo accidental, sin sentido, cambiara una vida de esa manera. Ahora bien, he oído a algunos decir que estaban oprimidos por la forma de fe que seguían y tuvieron un sentido de liberación cuando dejaron de creer que tal cosa era verdad. Pero nunca he visto a nadie recibir el poder para vivir la clase de vida que desea y llegar a ser la clase de persona que quiere ser debido a que oyó que no hay ninguna historia detrás del universo. Nunca he oído a nadie decir: «Ahora he hallado una existencia significativa en una realidad sin significado».

Nunca he oído a nadie decir: «Yo solía ser codicioso, pero ahora la historia de la Gran Explosión me ha hecho generoso. Yo solía tener miedo, pero ahora la probabilidad aleatoria me ha hecho valiente».

No obstante, Jesús ha estado haciendo eso durante dos mil años.

Un individuo llamado Bill Moore, que creció en la pobreza, se emborrachó una vez y mató a un hombre por cinco mil dólares. Acabó en el pabellón de los condenados a muerte. Lee Strobel conoció a Bill y escribe de él en su libro *The Case for Faith [El caso de la fe]*.

Un par de individuos fueron a la cárcel (porque Dios impulsa a la gente a ir a las cárceles) y le dijeron: «Bill, hay un hombre, Jesús, que te ama y dio su vida en una cruz. Murió por ti. Él fue al pabellón de los condenados a muerte por ti». Nadie jamás le había hablado antes de Jesús a Bill. Él había permanecido en el pabellón de la muerte durante años. Más tarde le entregó su vida Jesús, y eso lo cambió tanto —cambió la oscuridad, la amargura y el odio dentro de él— que otros empezaron a sentirse atraídos hacia su persona. La gente empezó a conocer a Jesús por medio de este individuo en el pabellón de los condenados a muerte. Se le llegó a conocer como «el pacificador». Su bloque de celdas era el lugar más seguro de la penitenciaría porque muchos estaban llegando a Cristo por medio de Bill Moore.

Las iglesias supieron de esto, y cuando la gente necesitaba consejería —en serio, no es broma— empezaron a enviar a las personas a la penitenciaría para que recibiera el asesoramiento de Bill Moore. Ya podrá imaginarse cómo sería llamar a una iglesia para pedir una referencia y oír: «Quiero que vaya al pabellón de los condenados a muerte. Allí hay un preso...» ¿Quién hace eso? Jesús lo hace.

Bill Moore cambió tanto que se ganó el amor de la familia del hombre a quien mató. Cambió tanto en un período de dieciséis años que personas de toda clase le escribieron cartas. Con el tiempo, las autoridades no solo cancelaron su pena de muerte; no solo conmutaron su sentencia, lo cual ya era sin precedentes, sino que lo dejaron en libertad condicional. Bill Moore ahora sirve como líder de congregación en un par de complejos de viviendas subvencionadas en un sector desesperadamente pobre. Cuando Strobel lo conoció, le preguntó: «Bill, ¿qué peregrina cosa convirtió tu vida? ¿Cuál fue la medicina? ¿Fue algún tipo de programa de rehabilitación? ¿Fue un nuevo método de asesoramiento?»

Bill dijo: «No, Lee; no fue nada de eso. Fue Jesucristo».

El ateísmo en realidad no tiene nada que decirle a un individuo en el pabellón de la muerte. Porque cuando uno vive en el pabellón de los condenados a muerte (y todos estamos viviendo en un pabellón como ese), en realidad solo hay una cosa que queremos saber.

El gran atrapador

Simplemente no puedo leer el relato del evangelio sin saber que se me está buscando con amor, que se me está llamando a la tarea más sagrada de la existencia, que se me ofrece la más alta recompensa de la vida ... Sin embargo, ahora no estoy argumentando. Solo estoy confesando.

JOHN BAILLIE

Hay tres movimientos en el «salto de fe»: soltar el trapecio, sin importar lo que su trapecio sea; esperar y ser atrapado. Soltar, esperar, ser atrapado.

El joven atrevido

Jesús viene a esta tierra y en realidad vive de esa forma. Él renuncia a su vida en el cielo. Renuncia a la gloria. Desecha el poder. Rechaza las riquezas. Nace en una pequeña pesebrera, teniendo unos padres poco conocidos y pobres. Crece en una familia obrera, trabajando como carpintero. Tiene un ministerio itinerante como rabino sin hogar. Luego, por último, hace dejación de su ministerio y se despide de sus discípulos.

La palabra *trapecio* —esa pequeña barra entre las cuerdas que un trapecista tiene que soltar— viene de la antigua palabra griega *trapeza*, que quiere decir mesa. Casi la única vez que se usa en el Nuevo Testamento es cuando el escritor dice que Jesús reúne a sus discípulos alrededor de la mesa, la *trapeza*, a la que ahora le llamamos la mesa de la comunión, y les enseña que él tiene que dejar esta vida por ellos y que la única manera de aferrarse a la vida de uno es entregándola. Luego sube a la cruz y se entrega. Él cuelga por encima de la tierra durante tres horas con sus brazos estirados, sin mover un músculo.

«Padre, en tus manos encomiendo mi espíritu», dice.

Cuando hizo eso, estaba salvándonos, estaba enseñándonos en cuanto a la confianza.

He aquí el salto: Dios viene a usted y le dice: «Suéltate. ¿Lo harás?»

Dios vino a Abraham y le dijo: «Abandona todo lo familiar. Deja a tu familia, tu casa, tu cultura, y ve a donde te voy a decir. ¿Vas a hacerlo? ¿Lo harás?»

Jesús vino a un joven rico un día. Lo amó, y le preguntó: «¿Vas a soltar tu trapecio?» El trapecio del joven rico se llamaba «dinero». «¿Dejarás todas sus posesiones o las venderás y le darás el dinero a los pobres y me seguirás?»

Jesús le habló a una mujer sorprendida en adulterio. Le indicó: «Vete y no peques más». ¿Vas a renunciar a esa relación personal que sabes que deshonra a Dios?

¿Qué es lo que usted tiene que soltar? Cualquier cosa que le impide venir a Dios.

Libérese de esa relación personal que deshonra a Dios.

Deje su apego al dinero.

Renuncie a su poder; sea un servidor.

Desista de su adicción. Admítala. Busque ayuda.

Rechace ese hábito.

Abandone ese rencor.

Deshágase de su ego, su orgullo, su dinero, su reputación, su desobediencia.

Dios viene y dice: «Suelta».

Luego dice: «Espera».

Mordisqueándose las uñas

A nadie le gusta esperar.

La espera es ese tiempo intermedio cuando tengo que responderle a Dios, pero las cosas todavía no son como quiero que sean. Y yo sigo obedeciendo. Y sigo confiando. Y sigo diciendo que sí y manteniendo elevadas mis manos. «Dios, no puedo hacer que las cosas salgan como yo quiero que sean. No tengo el control».

El volador no puede hacer nada por sí mismo.

¿Qué hace uno mientras espera? Personalmente, me muerdo las uñas. Es un mal hábito, lo sé. Pero tengo tantos otros mucho peores que en la escala de mis hábitos este se acerca a ser una excentricidad encantadora. Casi lo he elevado a una forma de arte. Las uñas del pulgar sirven mejor, luego las del índice y el dedo medio. Casi nunca ataco a mis dos últimos dedos a menos que los tres primeros ya estén más allá de toda reparación.

La espera es ese tiempo intermedio cuando tengo que responder a Dios, pero las cosas todavía no son como quiero que sean. Y yo sigo obedeciendo. Y sigo confiando. Y sigo diciendo que sí y manteniendo elevadas mis manos.

Morderse las uñas es un ejemplo de lo que solía llamarse un hábito nervioso o una conducta autosedante. Me digo a mí mismo que puedo dejar de hacerlo en cualquier momento. Me digo a mí mismo que es simplemente algo que hago para ayudarme a pensar. Sin embargo, mientras más tenso estoy, pareciera que mis dedos necesitaran ejercitarse más. Y si estoy preocupado por uno de mis hijos, mis uñas se vuelven un tipo de rosario agnóstico de ansiedad. Cuando algo no marcha bien, el acto de morderme las uñas se acelera. Estoy haciéndolo en este instante.

Mordisquearse las uñas es lo que los israelitas hicieron cuando se quejaron durante todo el camino por el desierto, esperando cuarenta años para entrar a la tierra prometida. Es lo que Gedeón hizo temprano en la mañana cuando salió para verificar el vellón y ver si Dios hablaba en serio o era simplemente otro lisonjero. Es lo que ocupó a los discípulos desde la tarde del viernes santo hasta la mañana del domingo de resurrección.

Me preocupo mientras espero, y mis dedos se torturan unos a otros para mantener mi mente distraída. Son diminutos centinelas, mudos y desfigurados, que claman mi falta de fe. *Creo, ayuda a mis dedos que dudan.* Así que a veces me consuelo con uno que se mordía la uñas y se llamaba Abraham. Abraham se levanta como el gran ejemplo de fe en el Nuevo Testamento. Se habla de él en los libros de Romanos, Gálatas y Hebreos.

Dios hace una promesa, y después le dice a Abraham que deje su casa y vaya al lugar hacia donde lo va a guiar.

Ben Patterson cuenta de una experiencia común para los occidentales, en particular los misioneros, que viajan por secciones de la selva del Amazonas. Ellos les piden a los pobladores de alguna aldea que les den indicaciones para llegar al lugar al que quieren ir.

—Tengo una brújula, un mapa y algunas coordenadas.

El poblador sabe con precisión las direcciones para llegar allá, pero se ofrece a guiarlo él mismo.

—No, está bien. No quiero un guía. Solo necesito indicaciones.

—Eso no sirve. Tengo que llevarlo yo mismo.

—Pero yo tengo un mapa aquí. Y tengo una brújula. Y las coordenadas.

—No funciona de esa manera. Puedo llevarlo hasta allí, pero tengo que guiarlo yo mismo. Usted tiene que seguirme.

Nosotros preferimos direcciones, principios, pasos, claves. Preferimos estas cosas porque nos permiten estar en control. Si tengo el mapa, todavía estoy a cargo del viaje. Puedo ir a donde quiera. Si tengo un guía, tengo que confiar. Tengo que seguir. Tengo que renunciar al control.

Dios no se inclina por los mapas, las brújulas y las coordenadas. La vida simplemente no funciona de esa manera. No necesitamos direcciones. Necesitamos un Guía.

Dios le dice a Abraham que va a llegar a ser padre y con el tiempo una gran nación, que va a tener un hijo con Sara. Entonces Abraham tiene que esperar. ¿Sabe cuánto tiempo espera Abraham? Veinticuatro años. ¿Y cómo le va en eso de esperar, confiar y obedecer? No muy bien.

Abraham lleva a Sara, su esposa, a Egipto, y luego le dice: «Sara, eres una mujer hermosa. Cuando el faraón te vea, va a quererte para su harem. A lo mejor me mata para tenerte, así que solo pretendamos que eres mi hermana. De esa manera, si te lleva a su harem, a mí todavía me irá bien».

Esto no es algo digno del «Esposo del Año», pero funciona, por lo que unos años después Abraham en realidad lo hace de nuevo. Años más tarde todavía no tiene un hijo, y está molesto por eso. Así que Sara le dice: «Aquí está mi criada. ¿Por qué simplemente no te acuestas con ella y tienes un hijo de esa manera?» Abraham dice: «Está bien, cariño. Si tú piensas que es una buena idea, lo haré». Parece apenas un poco pasivo en ese punto, ¿verdad?

Las acciones de Abraham tienen como resultado un gran desastre. Algunos años más tarde, Dios viene a Abraham de nuevo y le dice: «Tendrás un hijo». ¿Recibe Abraham estas palabras con fe? Génesis 17:17 dice: «Entonces Abraham inclinó el rostro hasta el suelo y se rió de pensar: "¿Acaso puede un hombre tener un hijo a los cien años ...?"»

Dios le dice a Abraham: «Voy a darte un hijo», y Abraham se ríe de él. Se cae al suelo de la risa.

Permítame señalar algo justo aquí: A menudo nos vemos tentados a pensar: «Si yo pudiera experimentar un milagro – un evento sobrenatural en mi vida de la misma manera en que ocurrían en los tiempos bíblicos– sabría con certeza. Entonces nunca dudaría».

No sé cómo es que Dios se le presentó a Abraham, pero independientemente de como haya sido, Dios vino a Abraham de una manera tal que todavía había espacio para la duda. Eso sucede a menudo... con Moisés, Gedeón y muchos otros.

Dios viene de nuevo a Abraham (Génesis 18). Esta vez él está fuera de su carpa, y Sara está adentro. Dios dice: «Dentro de un año volveré a verte ... y para entonces tu esposa Sara tendrá un hijo». Abraham, a estas alturas, es ya muy viejo. Mire lo que dice el texto: «Sara se rió y pensó: "¿Acaso voy a tener este placer, ahora que ya estoy consumida y mi esposo es tan viejo?" Pero el SEÑOR le dijo a Abraham:

–¿Por qué se ríe Sara? ¿No cree que podrá tener un hijo en su vejez? ¿Acaso hay algo imposible para el SEÑOR?»

Me encanta esta breve conversación. «Sara, por su parte, tuvo miedo y mintió al decirle:

–Yo no me estaba riendo.

Pero el SEÑOR le replicó:

–Sí te reíste».

Suena como dos chiquillos discutiendo:

«¡No lo hice!»

«¡Sí lo hiciste!»

Dios y Sara estaban peleando como dos chiquillos de siete años.

Eso es esperar. Abraham no espera muy bien. Él duda. Deja encinta a Agar, y después la echa a ella y a su hijo. Vamos. Espera, pero no muy bien. Entonces, después de años, y años, y años, y años, al fin es atrapado. Por unas manos grandes. Dios viene. Dios responde a su oración.

No sé cómo es que Dios se le presentó a Abraham, pero independientemente de como haya sido, Dios vino a Abraham de una manera tal que todavía había espacio para la duda. Eso sucede a menudo... con Moisés, Gedeón y muchos otros.

Sara descubre un día, después de años y años, que está encinta. ¿Puede imaginarse ese día? Imagínese cómo se lo dice a Abraham. ¿Puede imaginarse cómo se rieron? ¿Una mujer a esa edad quedando encinta? Ella da luz a un hijo, y le ponen por nombre Isaac. ¿Sabe lo que quiere decir Isaac? «Él se ríe». Le ponen por nombre a su hijo «Él se ríe».

Sara dijo: «Dios me ha hecho reír, y todos los que se enteren de que he tenido un hijo, se reirán conmigo» (Génesis 21:6).

Se reirán porque un bebé nació en la unidad neonatal y Medicare pagó la cuenta. Se reirán porque Sara será la única en el supermercado comprando pañales desechables para niños y ancianos a la vez; porque todos están comiendo alimentos Gerber para bebés, puesto que no hay ni un solo diente en la familia; porque cuando salen a dar un paseo, todos usan un caminador.

Se reirán porque esperaron muy mal, se comportaron mal, engañaron y dudaron todo el tiempo, y Dios de todas maneras se manifestó.

Esta es la risa de la fe en Dios.

Vale la pena preguntar: Si no hay Dios, ¿qué hay para reírse? Jean-Paul Sartre tiene una historia sobre esto, acerca del tipo de risa que se encuentra en un mundo en donde Dios y el significado están muertos. Es un tipo de parábola destinada a explicar que los mejores esfuerzos del ser humano al final están condenados al fracaso, que la muerte y la nada resultarán victoriosas. A un hombre se le amenaza de muerte si no traiciona a su amigo diciéndoles a sus captores dónde está tal persona. Él se niega. Lo golpean. Entonces los envía en una cacería alocada diciéndoles que su amigo se encuentra en un lugar donde él sabe que no estará. Sin embargo, por pura casualidad, cuando sus captores van al lugar resulta que el amigo está allí, así que lo hallan, lo capturan y lo matan.

Más tarde, ponen en libertad al hombre. Sartre termina la historia diciendo que este individuo se rió hasta llorar. A pesar de sus mejores intenciones, la vida es una broma cruel, y la broma nos la juegan a todos nosotros. Sartre dijo de sí mismo hacia el fin de su vida: «El ateísmo es un amorío cruel y de largo alcance. Pienso que lo he llevado hasta lo último».

No obstante, en el relato de Abraham, la risa y las lágrimas son finalmente de pura alegría.

Uno se suelta, y espera, y es atrapado. El volador no puede hacer nada. El atrapador lo hace todo. Dios está llamando: «Confía en mí. Todo saldrá bien. Suéltate. Suéltate. Suéltate».

El único camino

No hay un camino a Dios que circunvale el llamado a soltarnos. Usted puede tener dudas intelectuales, y es en realidad importante ser honesto al respecto, hablar de ellas y estudiar. Sin embargo, pensar y estudiar por sí solos nunca eliminan la necesidad de elegir. La cuestión de la fe nunca es una decisión intelectual. Esta viene solo cuando uno dice: «Empezaré con algo que Jesús dijo que pienso que es verdad, y en realidad voy a hacer lo que dice. En realidad voy a soltarme». Y entonces uno espera.

Me maravillan las últimas palabras que se usan para describir a los discípulos en el Evangelio de Mateo... nuestro último vistazo a los hombres que siguieron a Jesús durante tres años, aprendieron de él, y le vieron crucificado y resucitado: «Los once discípulos fueron a ... la montaña que Jesús les había indicado. Cuando lo vieron, lo adoraron; pero algunos dudaban» (Mateo 28:16-17).

Este es un cuadro asombroso. Lo habían visto, escuchado, seguido, estudiado, y lo habían contemplado crucificado y resucitado... y la última cosa que leemos en cuanto a ellos es «*pero algunos dudaban*». Mateo no oculta esto. Él lo recalca.

El erudito bíblico Frederick Dale Bruner dice: «La fe cristiana es bipolar. Los discípulos viven su vida entre la oración y la duda, la confianza y el cuestionamiento, la esperanza y la preocupación».

Entonces Jesús les da a los discípulos la llamada Gran Comisión, y los envía a que sean sus agentes en el mundo. Jesús mira a estos dudosos que adoran y dice: «¡Vayan! Ustedes dudosos, vayan. Arriesguen su vida por mí. Cambien su mundo por mí. Hallarán al hacerlo que sus propias dudas son sanadas. Ustedes los dudosos también están incluidos».

Los discípulos no son personas que nunca han tenido dudas. Ellos dudan y adoran. Dudan y sirven. Dudan y se ayudan los unos a los otros con sus inseguridades. Dudan y practican la fidelidad. Dudan y esperan que su incertidumbre un día se convierta en saber.

Esperar es en realidad difícil. Tal vez usted no esté seguro de si puede esperar ya más a Dios. Pero si no cree en Jesús, si no espera por el Padre en quien Jesús mismo creía, entonces la pregunta llega a ser: ¿Qué es lo que usted espera? Todos estamos esperando algo, lo queramos o no. Todos estamos esperando... en nuestras propias vidas, en nuestro mundo lastimero. Si no es a Dios, al gran atrapador, ¿qué espera?

Parece irónico que casi todo chiquillo, en algún punto de

su vida, quiera fugarse y unirse a un circo. La verdad es que todos nacemos aferrados a un trapecio... un pequeño trapecio que llamamos nuestra «vida». Nos aferramos a ciertas cosas con firmeza: nuestra seguridad, nuestro bienestar, nuestro éxito, nuestra importancia, nuestra valía, nuestras pertenencias, nuestros cuerpos, nuestra salud, nuestra influencia.

Entonces Jesús viene y dice: «Puedes soltar todo eso. Puedes entregarme tu vida, porque alguien la sostiene. Puedes morir a todas las cosas que te impiden vivir en mi reino, y hallarás que no has muerto a nada que importe en realidad. Suéltate.

»Rechaza toda oscuridad.

»Renuncia a todo egoísmo.

»Libérate de todo temor.

»Simplemente suéltate».

Los discípulos no son personas que nunca han tenido dudas. Ellos dudan y adoran. Dudan y sirven. Dudan y se ayudan los unos a los otros con sus inseguridades. Dudan y practican la fidelidad. Dudan y esperan que su incertidumbre un día se convierta en saber.

Puede creerle o no. Un día —tal vez mañana, tal vez el año próximo, tal vez de aquí a cincuenta años— usted soltará ese pequeño trapecio llamado «vida», y yo también. Un día exhalará su último suspiro, y sus dedos se aflojarán, y el trapecio caerá de sus manos. La pregunta real es: ¿Qué sucederá entonces?

Algunos piensan que es el fin. No hay red de seguridad. Creen que las neuronas que de modo erróneo pensaban que conformaban un alma simplemente dejarán de transmitir ese día. Los seis mil millones de átomos que su cuerpo empleaba hallarán posiciones en algún otro lugar, y el universo ni lo sabrá ni le importará.

Sin embargo, Jesús creía que hay un gran atrapador, y él no tiene manos sudorosas.

Fuentes

Capítulo 1. La fe, la duda y el nacimiento

15: Wolfgang von Goethe, citado en James Crenshaw, *Old Testament Wisdom*, Westminster John Kfnox Press, Louisville, 1998, p. 184.

19: *The Brothers Karamazov*, en *The Great Books*, vol. 52, Encyclopedia Britannica, Nueva York, 1952.

20: Elie Wiesel, *Night*, Hill and Wang, Nueva York, 1987, p. 43.

21: André Comte-Sponville, *A Short Treatise on the Great Virtues*, Vintage, Nueva York, 2001, p. 148.

21: Daniel C. Dennett, *Breaking the Spell: Religion as a Natural Phenomenon*, Viking, Nueva York, 2006, p. 7.

22: Sam Harris, *Letter to a Christian Nation*, Knopf, Nueva York, 2006, p. 88.

22: Christopher Hitchens, *God Is Not Great: How Religion Poisons Everything*, Twelve, Nueva York, 2007.

22: Richard Dawkins, *The God Delusion*, Houghton Mifflin, Nueva York, 2006, p. 31.

24: Michael Novak, *Belief and Unbelief*, Transaction, New Brunswick, N.J., 2006, p. 7.

24: Jennifer Hecht, Doubt: *A History: The Great Doubters and Their Legacy of Innovation from Socrates and Jesus to Thomas Jefferson and Emily Dickinson*, HarperCollins, Nueva York, 2003, xi.

24: Gary Wolf, «The Church of the Non-believers», *Wired*, 20 febrero de 2007.

24: Martin Seligman, *Authentic Happiness*, Free Press, Nueva York, 2002, p. 287.

24: Billy Graham, entrevista por televisión, Prime Time Live, Cadena ABC, transmitido el 22 mayo de 2000.

25: Martín Lutero, *Luther's Works*, vol. 54, Fortress, Filadelfia, 1957, p. 453.

25: Elie Wiesel, citado en Antonio Monda, *Do You Believe?*, Vintage, Nueva York, 2007, p. 71.

26: Nicholas Wolterstorff, *Lament for a Son*, Eerdmans, Grand Rapids, 1987, p. 66.

27: Ibid., p. 68.

Capítulo 2. ¿Por qué molestarse?

28: Martín Lutero, citado en Alister McGrath, *Doubting*, InterVarsity Press, Downers Grove, Ill., 2006, p. 26.

29: William Clifford, *«The Ethics of Belief»*, en Gerald D. McCarthy, The Ethics of Belief Debate, novena edición, Scholars, Atlanta, 1986, p. 14.

29: Thomas Huxley, citado en Jennifer Hecht, *Doubt: A History: The Great Doubters and Their Legacy of Innovation from Socrates and Jesus to Thomas Jefferson and Emily Dickinson*, HarperCollins, Nueva York, 2003, p. 407.

30: William James, *The Will to Believe*, Longmans, Green, Nueva York, 1987, pp. 10ss.

32: Lesslie Newbigin, *Proper Confidence*, Eerdmans, Grand Rapids, 1995, pp. 23-24.

35: Woody Allen, citado en www.great-quotes.com/cgi-bin/author.cgi?letter=A.

35: Yann Martel, *Life of Pi*, Harcourt, Nueva York, 2001, p. 28.

35: James Conner, *Pascal's Wager*, HarperCollins, Nueva York, 2006, p. 2.

36: Ibid., p. 38.

37: Vladimir Nabakov, citado en Jim Holt, «*Eternity for Atheists*», *New York Times*, 29 de julio de 2007, p. 11.

37: Hecht, *Doubt*, pp. x-xi.

38: Michael Novak, *Belief and Unbelief*, Transaction, New Brunswick, N.J., 2006, p. xxi.

38: Henri Nouwen, *Sabbatical Journey*. Crossroad, Nueva York, 1998, pp. 40, 74-75.

Capítulo 3. ¿Qué clase de creencia importa en realidad?

41: Madeleine L'Engle, citado en Lynn Anderson, *If I Really Believe, Why Do I Have All These Doubts?*, Bethany House, Minneapolis, 1992, p. 61.

41: Daniel Dennett, citado en Wikipedia, s.v. «belief», http://en.wikipedia.org/wiki/Belief.

42: El Señor de los anillos: La hermandad del anillo, película, Universal Studios, dirigida por Peter Jackson, 2001.

43: Robert Fulghum, *Everything I Need to Know I Learned in Kindergarten*, Villiard, Nueva York, 1987. Hay edición en español, titulada *Todo lo que quise saber lo aprendí en el kindergarten*.

43: Bull Durham, película, producida por Thom Mount, escrita y dirigida por Ron Shelton, para MGM Studios, 1988.

45: Michael Novak, *Belief and Unbelief Transaction*, New Brunswick, N.J., 2006, p. 135.

45: Stephen Colbert, del programa de televisión *The Colbert Report*. Véase, por ejemplo, «*Truthiness*», 17 de octubre de 2005, en www.comedycentral.com/colbertreport/videos.jhtml?videoId=24039.

48: Georges Rey, en *Philosophers without God*, ed. Louise Anthon, Oxford University Press, Nueva York, 2007, p. 244.

49: George MacDonald, *Thomas Wingfold, Curate*, Sunrise, Eureka, California, 1988, p. 31.

53: Véase el capítulo sobre la buena fe en André Comte-Sponville, *A Short Treatise on Great Virtues*, Vintage, Londres, 2003, pp. 196ss.

54: Elton Trueblood, *A Place to Stand*, Harper & Row, Nueva York, 1969, p. 39.

56: Frederick Buechner, *Wishful Thinking*, Harper & Row, Nueva York, 1973, p. 3.

Capítulo 4. Cuando se anhela estar en casa

58: Hugh Walpole, citado en Harry Emerson Fosdick, *Dear Mr. Brown: Letters to a Person Perplexed about Religion*, Harper & Brothers, Nueva York, 1961, cap. 4.

58: Sobre fútbol y béisbol, adaptado de George Carlin, *Brain Droppings*, Hyperion, Nueva York, 1998, pp. 50-52.

59: Joe Kraus, «*There's No Place Like Home*», en *Baseball and Philosophy*, ed. Eric Bronson, Open Court, Nueva York, 2004, pp. 14ss.

59: Edgar Guest, «*Home*», en 101 Famous Poems, Contemporary Books, Chicago, 1958, pp. 152-53.

60: Stuart Kauffman, *At Home in the Universe: The Search for the Laws of Self-Organization and Complexity*, Oxford University Press, Nueva York, 1995, p. 4.

60: Robert Frost, «*The Death of the Hired Man*».

62: A. J. Jacobs, *The Year of Living Biblically*, Simon & Schuster, Nueva York, 2007, p. 60.

62: Augustine, *The Literal Meaning of Genesis*, Vol. 1:41, Ancient Christian Writers, Newman Press, Nueva York, 1982.

63: Richard Swinbourne, *Is There a God?*, Oxford University Press, Nueva York, 1996, pp. 48-49.

63: Marilynne Robinson, *Gilead*, Farrar, Straus and Giroux, Nueva York, 2004, p. 53.

64: Richard Foster, *Streams of Living Water*, HarperSanFrancisco, San Francisco, 1998, p. 171.

65: E. Edson y E. Savage-Smith, *Medieval Views of the Cosmos, The Bodleian Library*, Oxford University Press, Nueva York, 2004, p. 9.

66: Sigmund Freud, citado en Bronson, *Baseball and Philosophy*, p. 12.

67: Lucretius, *On the Nature of the Universe*, introducción de John Godwin, Penguin Classics, Nueva York, 2005, p. xvi.

69: Ray Vander Laan, *The Life and Ministry of the Messiah*, Zondervan, Grand Rapids, 1999, p. 150.

Capítulo 5. El salto

71: Nicholas Wolterstorff, *Lament for a Son*, Eerdmans, Grand Rapids, 1987, p. 76.

71: Fyodor Dostoyevsky, *The Possessed, citado en Philip Yancey, Rumors of Another World: What on Earth Are We Missing?*, Zondervan, Grand Rapids, 2003, p. 34.

72: Alvin Plantinga, *Warranted Christian Belief*, Oxford University Press, Nueva York, 2000, pp. 174-75.

72: Tomás de Aquino, citado en Frederick Buechner, *Listening to Your Life*, HarperCollins, Nueva York, 1992, p. 273.

73: James Conner, *Pascal's Wager*, HarperCollins, Nueva York, 2006, pp. 143ss.

77: C. Stephen Evans, *Soren Kierkegaard's Christian Psychology*, Zondervan, Grand Rapids, 1990, pp. 59ss.

78: Mortimer Adler, citado en *Philosophers Who Believe*, ed. Kelly James Clark, InterVarsity Press, Downers Grove, Ill., 1993, p. 214.

81: Philip Yancey, *Finding God in Unexpected Places*, Moorings, Nashville, 1995, pp. 171ss.

81: Yemelian Yaroslavsky, citado en Brian Moynahan, *The Faith*, Doubleday, Nueva York, 2002, p. viii.

82: Para el relato del hijo atormentado, véase Mateo 17:14-21; Marcos 9:14-32; y Lucas 9:37-43.

86: Bruce Thielemann, sermón inédito.

Capítulo 6. Todos esperan

88: C. S. Lewis, citado en Armand Nicholi, *The Question of God*, Free Press, Nueva York, 2002, p. 46.

89: William Lad Sessions, *The Concept of Faith*, Cornell University Press, Ithaca, N.Y., 1994, p. 197.

92: Sigmund Freud, *The Future of an Illusion*, Hogarth, Londres, 1962.

93: Paul Vitz, *Faith of the Fatherless*, Spence, Dallas, 1999.

93: Frederick Buechner, *Wishful Thinking*, Harper & Row, Nueva York, 1973, pp. 33-34.

100: Tom Wright, comunicación personal.

Capítulo 7. El extraño silencio de Dios

104: Kenneth A. Taylor, en *Philosophers without God*, ed. Louise Anthony, Oxford University Press, Nueva York, 2007, p. 244.

107: Jerome Frank, *Persuasion and Healing*, Schocken, Nueva York, 1974.

108: Gary Parker, *The Gift of Doubt*, Harper & Row, Nueva York, 1990, p. 62.

110: Bertrand Russell, fuente desconocida.

111: Woody Allen, citado en www.great-quotes.com/cgi-bin/author.cgi?letter=A.

111: Norwood Russell Hanson, *«What I Do Not Believe»*, ensayo citado en Lee Strobel, *The Case for Faith*, Zondervan, Grand Rapids, 2000, p. 254; énfasis añadido por Strobel.

112: Madre Teresa, *Come Be My Light*, ed. Brian Kolodiejchuk, Doubleday, Nueva York, 2007, p. 104ss.

113: Christopher Hitchens, citado en David Van Biema, *«Mother Teresa's Crisis of Faith»*, en Time, 23 de agosto de 2007, p. 45.

113: Richard Dawkins, *The God Delusion*, Houghton Mifflin, Nueva York, 2006, p. 292.

114: «Nunca duden», cita de V. Raymond Edman, expresidente de Wheaton College.

115: Robert Nozick, *Philosophical Explanations*, Harvard University Press, Cambridge, Mass., 1981, p. 4.

117: Sam Harris, *Letter to a Christian Nation*, Knopf, Nueva York, 2006, y The End of Faith: Religion, Terror, and the Future of Reason, W. W. Norton, Nueva York, 2004.

117: Steven Weinberg, citado en *«Why We Are Here: The Great Debate»*, International Herald Tribune, 26 de abril de 1999.

118: Masacre en Camboya, citado en Dinesh D'Souza, *«What's So Great about Christianity?»*, manuscrito inédito, cap. 19.

118: Elie Wiesel, de un diálogo con Antonio Monda citado en el libro de Monda, *Do You Believe?*, Vintage, Nueva York, 2007, p. 172.

119: David Kinnaman, Unchristian, Baker, Grand Rapids, 2007, p. 26.

119: Frederick Buechner, *Listening to Your Life*, HarperSanFrancisco, San Francisco, 1992, p. 187.

119: Evelyn Waugh, fuente desconocida.

120: Sigmund Freud, citado en Armand Nicholi, *The Question of God*, Free Press, Nueva York, 2002, p. 64.

120: Weinberg, citado en *«Why We Are Here: The Great Debate»*.

121: Jennifer Hecht, Doubt: *A History: The Great Doubters and Their Legacy of Innovation from Socrates and Jesus to Thomas Jefferson and Emily Dickinson*, HarperCollins, Nueva York, 2003, p. 10.

122: Nicholas Wolterstorff, *Philosophers Who Believe*: The Spiritual Journeys of Eleven Leading Thinkers, InterVarsity Press, Downers Grove, Ill., 1993, p. 274.

Capítulo 8. Cuando la duda se echa a perder

126: Ernest Hemingway, citado en Alister McGrath, *Doubting*, InterVarsity Press, Downers Grove, Ill., 2006, p. 60.

129: Bart Ehrman, *Misquoting Jesus*, HarperSanFrancisco, San Francisco, 2005.

133: Glenn Most, *Doubting* Thomas, Harvard University Press, Cambridge, 2005, pp. 80ss.

134: Os Guinness, *In Two Minds: The Dilemma of Doubt and How to Resolve It*, InterVarsity Press, Downers Grove, Ill., 1976, p. 25.

134: Blas Pascal, citado en James Crenshaw, *Old Testament Wisdom*, Westminster John Knox, Louisville, 1998, p. 185.

136: Edward Gibbon, *The Decline and Fall of the Roman Empire*, Heritage, Nueva York, 1946, 1776:1.22.

137: Estoy en deuda con el Pastor Scott Scruggs por esta noción en cuanto a Pilato y el cinismo.

138: Jennifer Hecht, Doubt: A History: *The Great Doubters and Their Legacy of Innovation from Socrates and Jesus to Thomas Jefferson and Emily Dickinson*, HarperCollins, Nueva York, 2003, p. 32.

139: Edward Ruffin, citado en Oliver Burton, *The Age of Lincoln*, Hill and Wang, Nueva York, 2007, p. 192.

139: C. S. Lewis, citado en Armand Nicholi, *The Question of God*, Free Press, Nueva York, 2002, p. 46.

141: G. K. Chesterton, citado en Christopher Hitchens, God Is Not Great: *How Religion Poisons Everything*, Twelve, Nueva York, 2007, p. 184.

141: Thomas Nagel, *The Last Word*, Oxford University Press, Nueva York, 1997, p. 130.

141: Citado en Nicholi, *Question of God*, p. 38.

141: Sigmund Freud, *Totem and Taboo*, Hogarth, Londres, 1962.

142: Czeslaw Milosz, citado en Dinesh D'Souza, *«What's So Great about Christianity?»*, manuscrito inédito, cap. 23.

Capítulo 9. El don de la incertidumbre

143: Frederick Buechner, *Wishful Thinking*, Harper & Row, Nueva York, 1973, p. 26.

145: André Comte-Sponville, *A Short Treatise on the Great Virtues*, Vintage, Nueva York, 2001, pp. 223ss.

149: George MacDonald, *Thomas Wingfold*, Curate, Sunrise, Eureka, California, 1988, pp. 429-30.

151: Susan B. Anthony, citado en Barbara Taylor, *Leaving Church*, HarperSanFrancisco, San Francisco, 2006, p. 7.

152: Mr. Dooley: citado en Antonio Monda, *Do You Believe?*, Vintage, Nueva York, 2007, p. 145. El Sr. Dooley es un personaje inventado por el satírico irlandés Finley Peter Dunne en 1898.

152: Xenófanes, citado en Jennifer Hecht, Doubt: A *History: The Great Doubters and Their Legacy of Innovation from Socrates and Jesus to Thomas Jefferson and Emily Dickinson*, HarperCollins, Nueva York, 2003, p. 7.

152: Talladega Nights: The Ballad of Ricky Bobby, película, producida por Will Ferrell, Judd Apatow y Jimmy Miller; dirigida por Adam McKay; escrita por Adam McKay y Will Ferrell; distribuida por Columbia Pictures, 2006.

152: Buechner, Wishful Thinking, p. 190.

154: Joan Didion, *The Year of Magical Thinking*, Knopf, Nueva York, 2005, p. 149.

156: «preferían el confort»: citado en Louise Anthony, ed., *Philosophers without Gods*, Oxford University Press, Nueva York, 2007, p. 73.

156: Richard Swinburne, *Is There a God?*, Oxford University Press, Nueva York, 1996, p. 5.

157: Lewis Carroll, *Alicia en el País de las Maravillas*, Winston, Filadelfia, 1957, p. 190.

157: Dallas Willard, citado en Raphael Erwin McManus, *Soul Cravings*, Nelson, Nashville, 2006, entrada 15.

158: C. S. Lewis, *Broadcast Talks*, Centenary, Londres, 1942, libro 5, cap. 1, p. 33.

Capítulo 10. Por qué creo

161: George MacDonald, *Thomas Wingfold, Curate*, Sunrise Books, Eureka, California, 1988, p. 31.

161: G. K. Chesterton, *Orthodoxy, Doubleday*, Nueva York, 1959, p. 180.

163: Alvin Plantinga, *Warrant, the Current Debate*, Oxford University Press, Nueva York, 1993.

163: C. S. Lewis, *Mere Christianity*, Barbour and Co., Westwood, N.J., 1952, cap. 1. Hay ediciones en español tituladas Cristianismo Básico.

164: Dinesh D'Souza, «*What's So Great about Christianity*», manuscrito inédito, cap. 15.

170: Esta historia me la contó Mark Nelson, que es amigo mío y profesor de filosofía en Westmont College, y sabe más de lo que ningún ser humano tiene derecho a saber.

172: Chesterton, *Orthodoxy*, pp. 166-67.

172: Blas Pascal, *Pensamientos*, trad. al inglés, A. J. Krailsheimer, Penguin, Nueva York, 1966, p. 64.

172: Steve Pinker, *The Blank Slate*, Viking, Nueva York, 2002, pp. 41ss.

174: «más allá de nosotros mismos»: Mi amigo Mark Nelson me señaló que el filófoso Robert Nozick en realidad plantea un experimento mental acerca de una «máquina de experiencia» muy similar a estos lineamientos, llegando a una conclusión similar de que lo que queremos no es simplemente experiencias placenteras, sino en verdad tener contacto y vivir en la realidad más allá de nuestros propios pensamientos y sentimientos agradables. Véase Robert Nozick, *Anarchy, State, and Utopia*, Basic Books, Nueva York, 1974.

178: Elton Trueblood, *A Place to Stand*, Harper & Row, Nueva York, 1969, p. 38.

178: MacDonald, *Thomas Wingfold, Curate*, p. 233.

180: Lee Strobel, *The Case for Faith*, Zondervan, Grand Rapids, 2000, pp. 256-58.

Capítulo 11. El gran atrapador

182: John Baillie, *A Reasoned Faith*, Charles Scribner's Sons, Nueva York, 1963, p. 118.

185: Ben Patterson, mensaje en capilla, Westmont College, 23 de agosto de 2007.

188: Jean-Paul Sartre, citado en Frederick Buechner, *Wishful Thinking*, Harper & Row, Nueva York, 1973, p. 3.

189: Jean-Paul Sartre, *The Words*, George Brailler, Nueva York, 1954, p. 253.

190: Frederick Dale Bruner, *The Churchbook: Matthew 13-28*, Matthew: A Commentary, Eerdmans, Grand Rapids, 2005, p. 456.

Disfrute de otras publicaciones de Editorial Vida

Desde 1946, Editorial Vida es fiel amiga del pueblo hispano a través de la mejor literatura evangélica. Editorial Vida publica libros prácticos y de sólidas doctrinas que enriquecen el caudal de conocimiento de sus lectores.

Nuestras Biblias de Estudio poseen características que ayudan al lector a crecer en el conocimiento de las Sagradas Escrituras y a comprenderlas mejor. Vida Nueva es el más completo y actualizado plan de estudio de Escuela Dominical y el mejor recurso educativo en español. Además, nuestra serie de grabaciones de alabanzas y adoración, Vida Music renueva su espíritu y llena su alma de gratitud a Dios.

En las siguientes páginas se describen otras excelentes publicaciones producidas especialmente para usted. Adquiera productos de Editorial Vida en su librería cristiana más cercana.

Una vida con propósito

Rick Warren, reconocido autor de *Una Iglesia con Propósito*, plantea ahora un nuevo reto al creyente que quiere alcanzar una vida victoriosa. La obra enfoca la edificación del individuo como parte integral del proceso formador del cuerpo de Cristo. Cada ser humano tiene algo que le inspira, motiva o impulsa a actuar a través de su existencia. Y eso es lo que usted podrá descubrir cuando lea las páginas de *Una vida con propósito*.

0-8297-3786-3

Nos agradaría recibir noticias suyas.
Por favor, envíe sus comentarios sobre este libro
a la dirección que aparece a continuación

Editorial Vida
8410 NW 53 rd Terrace, Suite 103
Miami, Florida 33166

Vida@zondervan.com
www.editorialvida.com